# 北海道
# ご朱印めぐり旅
## 乙女の寺社案内

にほん巡礼倶楽部 著



メイツ出版

# CONTENTS

恋みくじ
100円
めで鯛みくじ
200円

# 北海道全域MAP

興部町
紋別町
湧別町
佐呂間町
網走市
羅臼町
遠軽町
北見市
小清水町
斜里町
大空町
美幌町
清里町
標津町
訓子府町
置戸町
陸別町
標津町
弟子屈町
中標津町
上士幌町
足寄町
別海町
釧路市
鶴居村
標茶町
根室市
士幌町
本別町
浜中町
厚岸町
白糠町
音更町
池田町
釧路市
釧路町
幕別町
浦幌町
豊頃町
更別村
大樹町
広尾町
えりも町

礼文町
稚内市
利尻富士町
利尻町
猿払村
豊富町
浜頓別町
幌延町
中頓別町
天塩町
中川町
遠別町
音威子府村
枝幸町
美深町
雄武町
初山別村
幌加内町
名寄市
西興部村
羽幌町
下川町
苫前町
剣淵町
士別市
滝上町
小平町
和寒町
比布町
愛別町
留萌市
沼田町
鷹栖町
秩父別町
深川市
当麻町
上川町
増毛町
北竜町
旭川市
雨竜町
妹背牛町
東神楽町
東川町
滝川市
新十津川町
赤平市
美瑛町
石狩市
砂川市
歌志内市
当別町
浦臼町
上砂川町
上富良野町
奈井江町
中富良野町
月形町
美唄市
芦別市
新得町
積丹町
富良野市
新篠津村
三笠市
古平町
神恵内村
余市町
小樽市
岩見沢市
南富良野町
鹿追町
江別市
仁木町
泊村
赤井川村
札幌市
南幌町
栗山町
夕張市
共和町
長沼町
占冠村
清水町
岩内町
倶知安町
北広島市
由仁町
京極町
日高町
寿都町
蘭越町
恵庭市
ニセコ町
真狩村
喜茂別町
安平町
芽室町
千歳市
むかわ町
留寿都村
豊浦町
厚真町
苫小牧市
平取町
帯広市
島牧村
黒松内町
洞爺湖町
伊達市
長万部町
壮瞥町
白老町
中札内村
伊達市
日高町
新冠町
登別市
今金町
新ひだか町
せたな町
室蘭市
浦河町
奥尻町
八雲町
様似町
森町
鹿部町
乙部町
七飯町
厚沢部町
江差町
北斗市
函館市
上ノ国町
木古内町
尻内町
松前町
福島町

# 札幌市内MAP

錦山天満宮 ………… P48,49
信濃神社 …………… P32,33
厚別神社 …………… P34,35
337
12
275
12
274
36
江別
高砂
野幌
大麻
森林公園
白石
平和
厚別
新札幌
南郷7丁目
南郷13丁目
南郷18丁目
大谷地
ひばりが丘
上野幌
北広島
地下鉄東西線
札幌自動車道

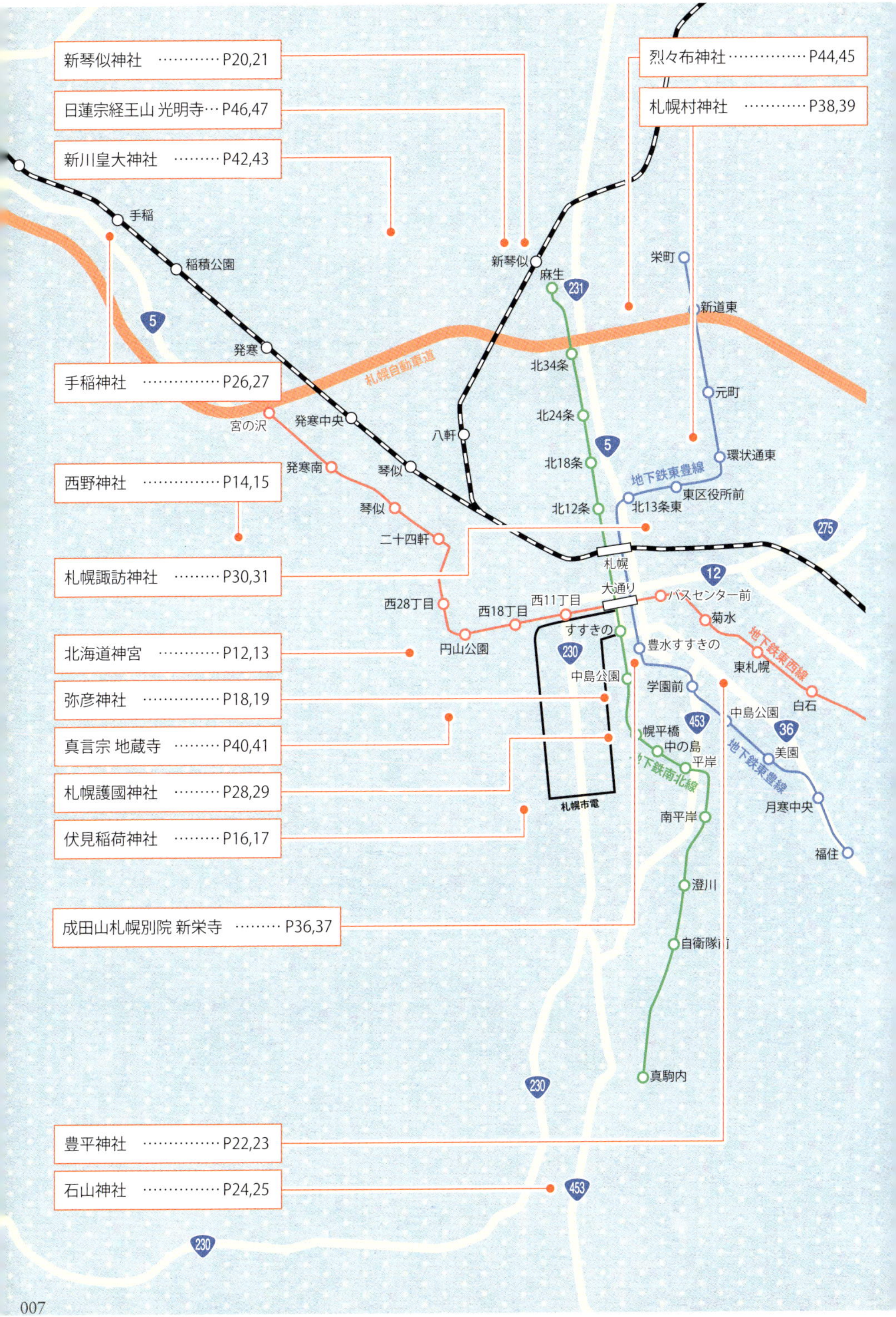

新琴似神社 ………… P20,21
日蓮宗経王山 光明寺… P46,47
新川皇大神社 ……… P42,43
手稲神社 …………… P26,27
西野神社 …………… P14,15
札幌諏訪神社 ……… P30,31
北海道神宮 ………… P12,13
弥彦神社 …………… P18,19
真言宗 地蔵寺 ……… P40,41
札幌護國神社 ……… P28,29
伏見稲荷神社 ……… P16,17
成田山札幌別院 新栄寺 ……… P36,37
豊平神社 …………… P22,23
石山神社 …………… P24,25
烈々布神社 …………… P44,45
札幌村神社 ………… P38,39
手稲
稲積公園
発寒
発寒中央
琴似
宮の沢
発寒南
琴似
二十四軒
西28丁目
円山公園
西18丁目
西11丁目
大通り
バスセンター前
菊水
東札幌
白石
地下鉄東西線
札幌自動車道
新琴似
八軒
麻生
北34条
北24条
北18条
北12条
札幌
すすきの
中島公園
幌平橋
中の島
平岸
地下鉄南北線
南平岸
澄川
自衛隊前
真駒内
栄町
新道東
元町
環状通東
地下鉄東豊線
東区役所前
北13条東
豊水すすきの
学園前
中島公園
美園
地下鉄東豊線
月寒中央
福住
札幌市電
5
231
275
12
230
453
36

覚えておきたい

# 御朱印のいただき方

神社で御朱印をいただくまでの流れと作法をご紹介します。神様や仏様がいらっしゃる場所ですので、失礼のないようお参りしましょう。

### 参拝前に心がけておきたいこと

●神仏に敬意を払いましょう

カジュアルすぎる服装は避けましょう。参拝前に携帯電話はマナーモードにし、帽子やリュックなどはとっておきましょう。

●御朱印の受付時間などは事前に確認しておきましょう

北海道は24時間自由に参拝できる神社が多いですが、神社によっては宮司さんが常駐していなかったり、御朱印をいただける時間が決まっている場合がほとんどです。事前に確認しておきましょう。

## 一 鳥居の前でまず一礼

神社入り口の鳥居でまず一礼します。帽子やサングラスははずし、リュックなどは手に持ちます。参道は真ん中を歩かず、道の端を歩きましょう。

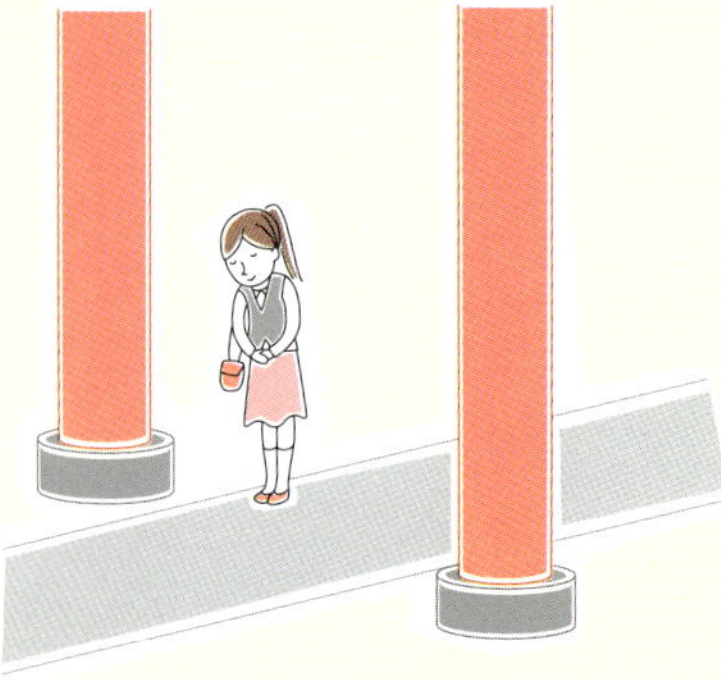

## 二 手水舎でお清め

鳥居をくぐったら、参拝前に手水舎で手と口を清めます。古来より清らかな水は穢れを流すとされ、手水は禊を簡略したものです。

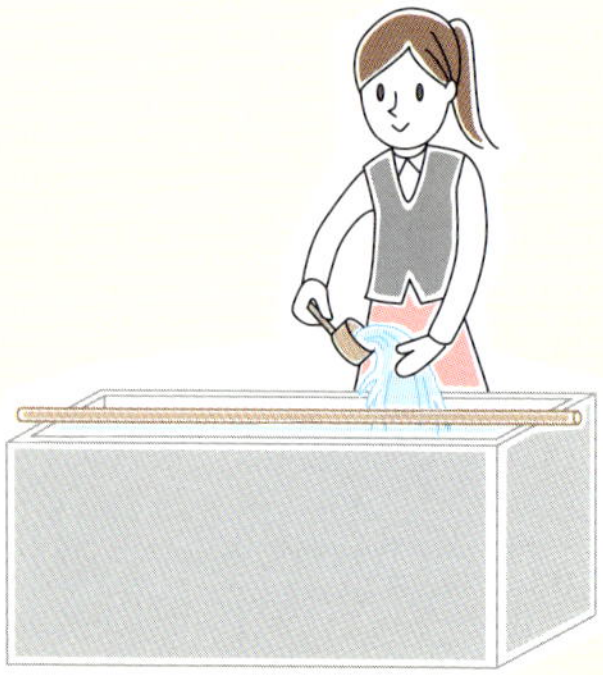

①柄杓を右手で取り、まず左手をすすぎます。

②柄杓を左手に持ちかえて、次に右手を清めます。

③柄杓を右手に持ちかえて、左の手のひらに水をとり、その水で口をすすぎます。

④最後にもう一度、左手を清めます。

## 三 お参りをします

神前に進み、姿勢を正し、お賽銭を納めます。鈴のある場合は鈴を鳴らします。「二拝二拍手一拝」の作法でお参りします。

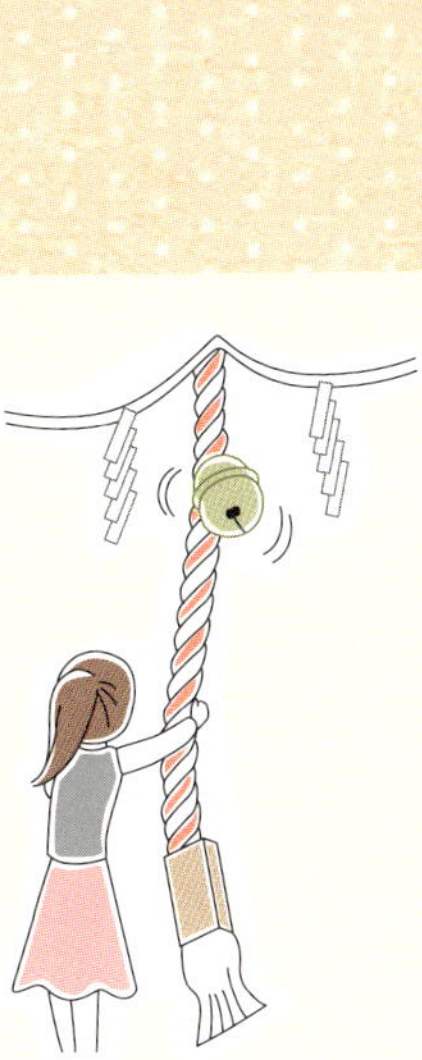

①二度深くおじぎをします。（その深さは背が水平になるくらい深くおじぎをします。）

②次に胸の前で両手を合わせ、肩幅ほどに両手を開いて二度拍手をします。

③最後にもう一度深く頭をさげます。

※地方によって異なる作法の神社もあります。

## 四 御朱印をいただきます

参拝を終えたら、社務所・納経所に伺って御朱印を依頼しましょう。

神社やお寺でいただいた由緒書などを挟んでいる場合は抜きとっておきましょう。

書いていただいている間は書く方の気が散らないように、声をかけたり、のぞいたりしないようにしましょう。

御朱印を受け取る時はお礼を言い、初穂料・納経料を納めます。帰る時も一礼を忘れないように。

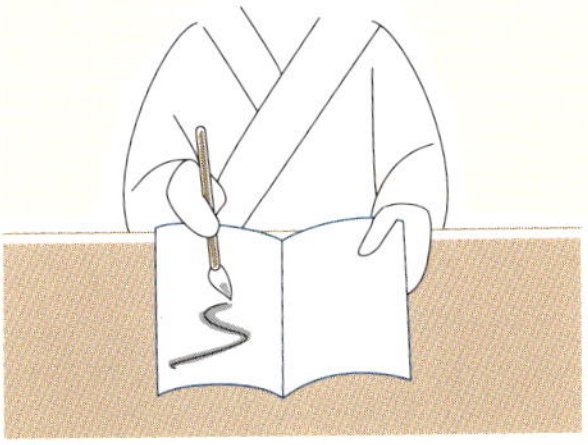

・御朱印はお札やお守りと同様、尊いものです。失礼のないよう専用の御朱印帳を用意しましょう。

・御朱印帳を受け取ったら、自分のものかどうか必ず確認しましょう。

・諸事情により、御朱印をいただけないところもありますが、無理強いをしないようにしましょう。

# 御朱印の見方

## ●神社編

### 神社名など

神社の名称や祭神の名称などが書かれています。神社の朱印だけが押される場合もあります。

### 日付

参拝した年月日が入ります。

### 奉拝の字

「奉拝」は「参拝させていただきました」という意味です。

### 神社の印

神社名が刻まれた印。
このほか、神社の家紋にあたる社紋や祭神にゆかりの紋などが押される場合があります。

---

## ●寺院編

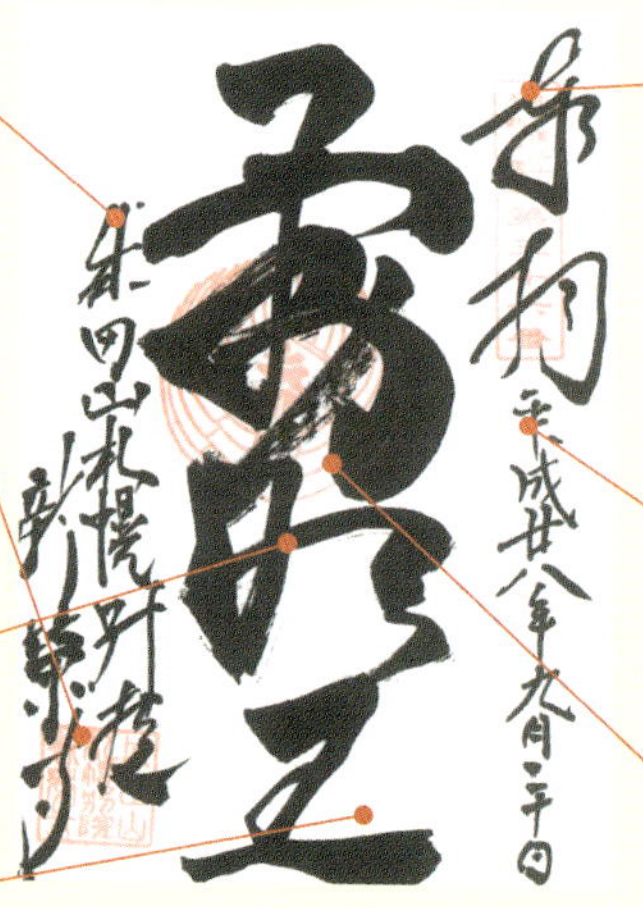


### 寺院名

寺院や山号（寺院につける称号。その所在地の山の名など）の名称が書かれています。

### 寺院の印

寺院名の朱印。山号を彫った印もあります。
四角形が一般的です。

### 中央の文字

ご本尊名や御堂印、本堂の別称などが入ります。

### その他

寺院にゆかりのある事が書かれる場合があります。

### 奉拝・札所

「奉拝」は「参拝させていただきました」という意味です。朱印は、寺院の俗称や「九州八十八カ所百八霊場」など札所霊場の札所霊場の札所番号が押されます。

### 日付

参拝した年月日が入ります。

### 印

ご本尊を示す梵字（古代インドで使われていた文字）で表した印や、ご宝印・三宝印（仏・法・僧を意味する印）などが押されます。

# 本書の使い方

❶エリア

❷寺社名

❸メイン写真

❹本文

由緒、ご利益、周辺の環境、境内の雰囲気など、寺社の特徴を紹介しています。

❺御朱印

❻ピックアップ写真

ご朱印帳やお守り、絵馬等の授与品、その他見どころなど、寺社の魅力を紹介しています。

❼見てみよう！寄ってみよう！

その寺社でおすすめの境内注目ポイントや立ち寄りスポットを紹介しています。

❽基本情報及び小マップ

住所、連絡先などの基本情報、寺社周辺の詳細な地図は道路やランドマークを簡略化して表記しています。

※本書に記載した情報は、すべて2016年8月現在のものです。グッズや値段、参拝時間の内容などが変更になる場合があります。事前にお問い合わせください。

※北海道内の神社は終日参拝可能な場合が多いですが、本書では、ご朱印をお願いできる時間として参拝時間を入れています。

札幌市

# 北《ほっ》海《かい》道《どう》神《じん》宮《ぐう》

## 北海道を代表する神社境内は桜の名所

　1869（明治2年）年、「開拓民たちの心のよりどころに」と、明治天皇が北海道に「開拓三神」を祀るよう詔を出したのが始まりです。当時、札幌市街の設計に着手した開拓判官・島義勇により、三方を山に囲まれ一方は平野に開けている円山の地に社殿を造営することが決められました。

　1964（昭和39）年には昭和天皇の御裁可（ごさいか）を得て明治天皇を御増祀（ごぞうし）、現在は四柱の神を祀ります。北海道の発展と人々の幸せを見守る守護神は、初詣に始まり、厄祓い、節分、婚礼などで道民の暮らしに今も深く関わっています。自然豊かで、野生のエゾリスが顔を出す境内は、春になると桜と梅が同時に開花し、花見客で賑わいを見せています。

見てみよう!
寄ってみよう!

## 島義勇の銅像

北海道開拓に関わり、札幌の町づくりの礎を築いた島義勇。原野のなかに未来の町の想像図を描いた彼の功績を称えた像が、北海道神宮と札幌市役所ロビーに建立されている。

◇◇◇◇◇

## 北海道神宮

❇住／札幌市中央区宮ヶ丘474
❇T／011-611-0261
❇F／011-611-0264
❇参拝時間／9:00〜17:00
❇御朱印料／300円
❇アクセス／地下鉄東西線「円山公園駅」下車徒歩15分・JRバス神宮前停留所下車徒歩1分

## 御朱印

風格ある御朱印に
社殿が描かれた
オリジナル御朱印帳も
あります。

境内には多くの動物が現れることもあり、
「エゾリス」や「キタキツネ」に会えるかも

## Pick Up!

◀安産守
1,000円

▲キティー肌守
500円

▲恋愛成就守
800円

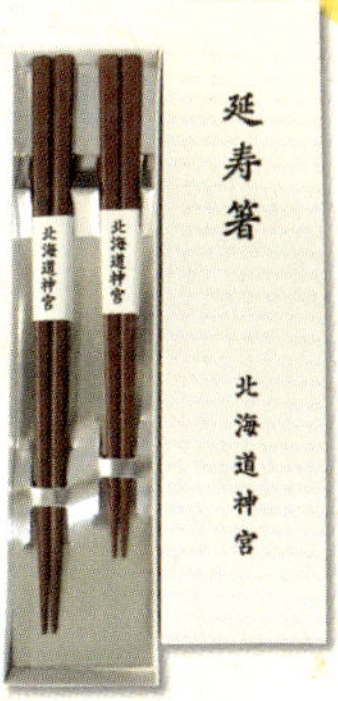


▲延寿箸
300円

札幌市

# 西《にし》野《の》神《じん》社《じゃ》

## ✻縁結びのご利益で有名な女性に大人気の神社

西野地域の開拓は、１８８５(明治18)年、故郷から産土神を抱いて渡道した五戸の入植者達によって開始され、この五戸の人々が開拓の守護神として三柱を奉斎する小祠を当時の西野地域の中心とおぼしき所に建立したのが、西野神社の起こりとされています。１９９５(平成7)年には、創祀百十年記念事業の一環として授与所が新築され、また平成17年には、創祀百二十年記念事業の一環として拝殿向拝と境内の参道への御影石敷設が行われ、境内はほぼ現在の様相となるものの、境内の風景は現在も変化を続けている縁結びで有名な神社で、年間３０００人もの女性参拝者が訪れ、２０１４年(平成26)年には札幌観光協会がオススメパワースポットにも認定しています。

100年記念塔

見てみよう!
寄ってみよう!

## 平和の滝

西野神社から車で5分ほどで琴似発寒川の流脈にある滝で、別名「右股の滝」とも呼ばれる観光スポットです。滝の名称は周辺の地名である「平和」からきていて、これは開拓時代、開墾に相当困難が伴ったことから願望をこめてつけられた地名です。

◇◇◇◇◇

## 西野神社

※住／札幌市西区平和1条3丁目
※T／011-661-8880
※F／011-665-8698
※参拝時間／9:00～17:00
※御朱印料／お気持ち
（300円程度）
※アクセス／地下鉄東西線「発寒南」駅から中央バス西野平和線、「平和の滝入口」行に乗車、平和1条3丁目下車、徒歩1分

## 御朱印

品の良さを感じる
流れるような筆文字の
御朱印です

子宝、安産、健康の祈願の仕方

創祀 120 周年記念碑

Pick Up!

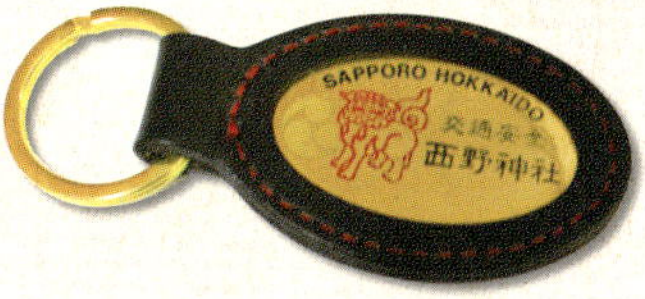


▲交通安全お守り　1000円

キーホルダー型の交通安全お守り

▲縁結びお守り
500円

女性に人気の縁結びお守り

▲お守り　500円

かわいい安産、子宝のお守り

札幌市

# 伏《ふし》見《み》稲荷《いなり》神社《じんじゃ》

## ✻朱色の見事な鳥居が27本並ぶ圧巻の光景

１８８４（明治17）年京都伏見稲荷大社の御分霊を札幌市南５条に奉斎し、１９０７（明治40）年当地に社殿を建立し、稲荷神社として創立されました。当神社の御祭神お稲荷様は衣食住の太祖であり五穀豊穣、殖産興業、商売繁盛の守護神として市民の崇敬を集めています。

鳥居の先には、自分の一番好きな物を一つ絶つことで願いが叶うといわれている「願い石」があります。この願い石は生石（生きている石）といわれ、参拝者がこの石に願いを託したところ、その願いが叶ったことから、願い石と呼ばれ親しまれるようになったと伝えられています。

後方を藻岩山、左右を山の稜線で囲まれたこの土地は「四神相応」といわれるパワースポット地形としても知られています。

見てみよう!
寄ってみよう!

## MISSU HOUSE

北海道産のミルクと厳選素材で、丁寧に手作りしている札幌のアイスクリーム、ソフトクリーム、パフェ専門店の本店。
木いちごのヨーグルトパフェ、価格は850円(税込み)
札幌市中央区伏見2丁目2-20

◇◇◇◇◇

## 伏見稲荷神社

※住／札幌市中央区伏見2丁目
2番17号
※T／011-562-1753
※F／011-562-1752
※参拝時間／9:00〜17:00
(社務所在中時間)
※御朱印料／お気持ち
(300円程度)
※アクセス／地下鉄円山駅から市バス西12・環50で慈啓会前下車啓明線大通から市バス西53で啓明ターミナル下車

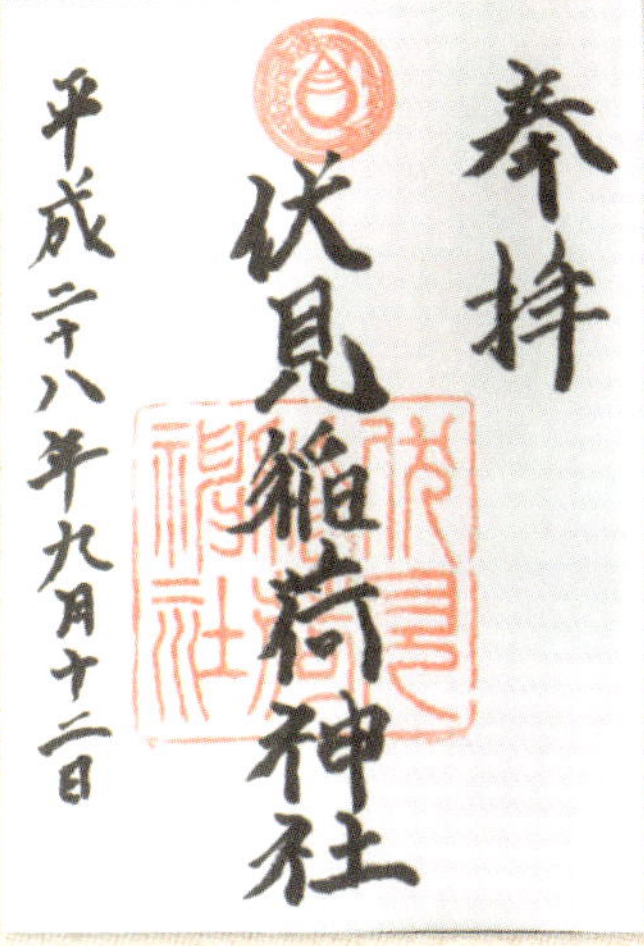


## 御朱印

朱色に輝く鳥居を過ぎ、
本殿横の社務所にて
頂くことができます

27本の鳥居が鮮やかに並ぶ

自分の一番好きな物を一つ絶つことで願いが叶うといわれている

## Pick Up!

▶祈願
700円

願石にて参拝の証に
石横にそなえる人々も

◀絵馬
700円

合格祈願にちなんだ
「五角絵馬」

▶五角(合格)
鉛筆
500円

札幌市

# 弥《いや》彦《ひこ》神《じん》社《じゃ》

## ✻１０５年以上、地域の発展と歩みを共に

弥彦（伊夜日子）神社は本社が由緒ある新潟県の弥彦神社で、天之香具山命（あめのかぐやまのみこと）をお祀りしています。新潟県から札幌に移住され開発・発展に力を尽くされた有志により、明治末、中島公園の地に心の拠り所と小さなお宮を建立したのが始まりで、１９２０（大正9）年には60坪の社殿が造営され、１９３８（昭和13）年郷社に昇格、境内の施設も整備され名実共に札幌市の守護神として地域の発展繁栄と歩みを共にしてきました。１９７０（昭和45）年に太宰府天満宮より学問の神様である菅原道真公の御分霊を拝戴、「札幌の天神さま」と呼ばれ今日に至っています。

１９８５（昭和60）年には御鎮座75年を記念して神殿と大鳥居を竣工し、２０１１（平成23）年には御鎮座１００年を迎えました。

見てみよう!
寄ってみよう!

## 中島公園

藻岩山を背景に市のほぼ中心部に位置しながらも、水と緑が豊かな憩いの場として親しまれている公園です。弥彦神社は中島公園内にあり、「日本の都市公園100選」にも認定されています。

◇◇◇◇◇

## 弥彦神社

❇住／札幌市中央区中島公園
1番8号
❇T／011-521-2565
❇F／011-521-2378
❇参拝時間／終日可能
❇御朱印料／お気持ち
(300円程度)
❇アクセス／札幌市営地下鉄
南北線幌平橋駅下車

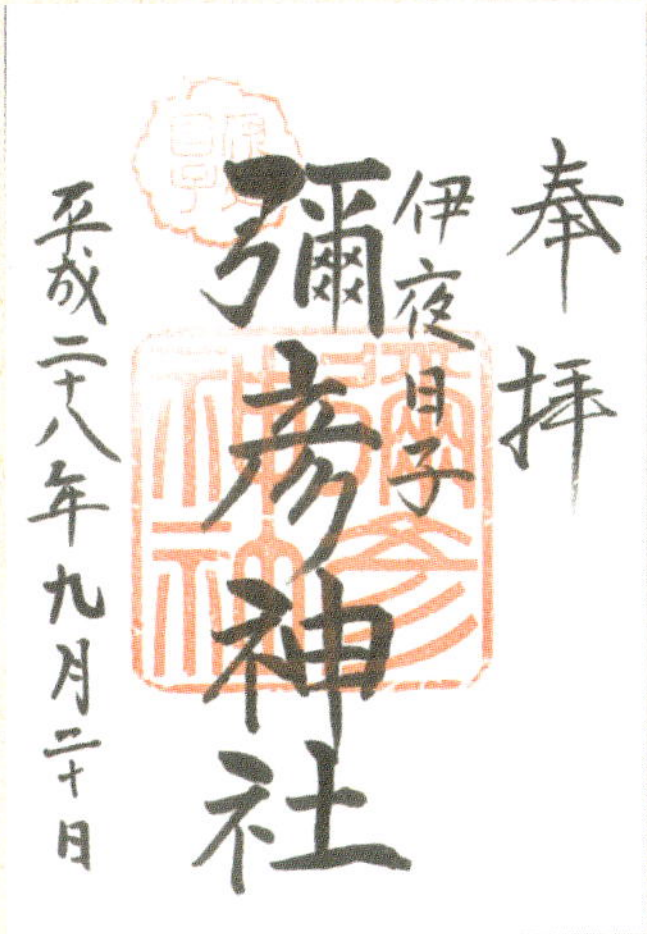


## 御朱印

正式神社名は弥彦(いやひこ)神社だが地元では伊夜日子(いやひこ)神社と表記されることが多い、両方の名が入っている御朱印

Pick Up!

▶縁結びお守り
1,000円

ビジネスにも恋愛にもご利益があるとされている

◀合格守り
1,000円

元札幌の受験生が多く求める

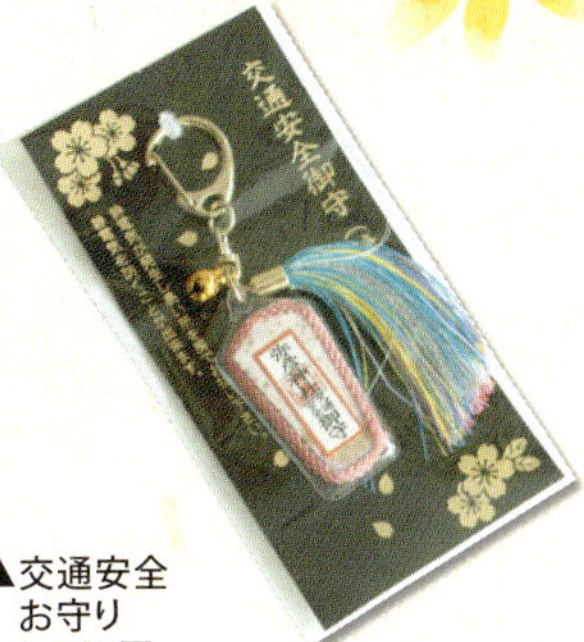


▲交通安全
お守り
1,000円

ふさふさの房で静電気を防いでくれる

札幌市

# 新《しん》琴《こと》似《に》神《じん》社《じゃ》

＊屯田兵が心のよりどころとして願いを捧げた

陸軍屯田兵歩兵第一大隊第三中隊が新琴似の地に入植し、開拓の守護神として御鎮斎されたのが新琴似神社です。1887(明治20)年5月20日にその歴史が始まったとされています。

後にその5月20日を例祭の日としており、例祭は5月19日から21日にかけて春の大祭を、9月19日から21日にかけて秋の大祭が行われ、1月14日から15日には古神札焼納祭、いわゆるどんど焼きが行われています。

境内には新琴似屯田兵中隊本部として使用されていた建物が1972(昭和47)年に復元され、現在は資料館となっています。また、さまざまな理由で建立された碑も集中しており、それぞれが北区の歴史と文化の八十八選のうちの一つとなっています。

見てみよう!
寄ってみよう!

## 新琴似
## 屯田兵中隊本部

神社に隣接するこの建物は、九州士族146戸の入植によって屯田兵が残した安春川で発足した新琴似屯田兵村の本部として建てられました。兵村の役場としての機能を担い、この地に兵村が築かれたことを伝える貴重な遺構です。

◇◇◇◇◇

## 新琴似神社

❇住／札幌市北区新琴似8条3丁目1番6号
❇T／011-761-0631
❇F／011-761-4250
❇奉務時間／9：00～17：00
❇御朱印料／お気持ち(300円程度)
❇アクセス／JR学園都市線新琴似駅より徒歩5分・札幌市営地下鉄南北線麻生駅3番出口より徒歩7分・札樽自動車道札幌北インターより車で5分

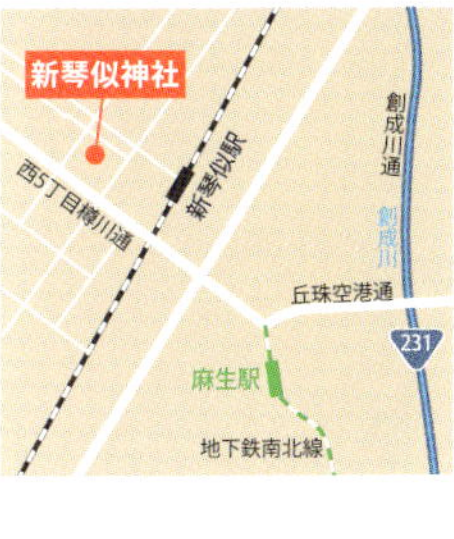


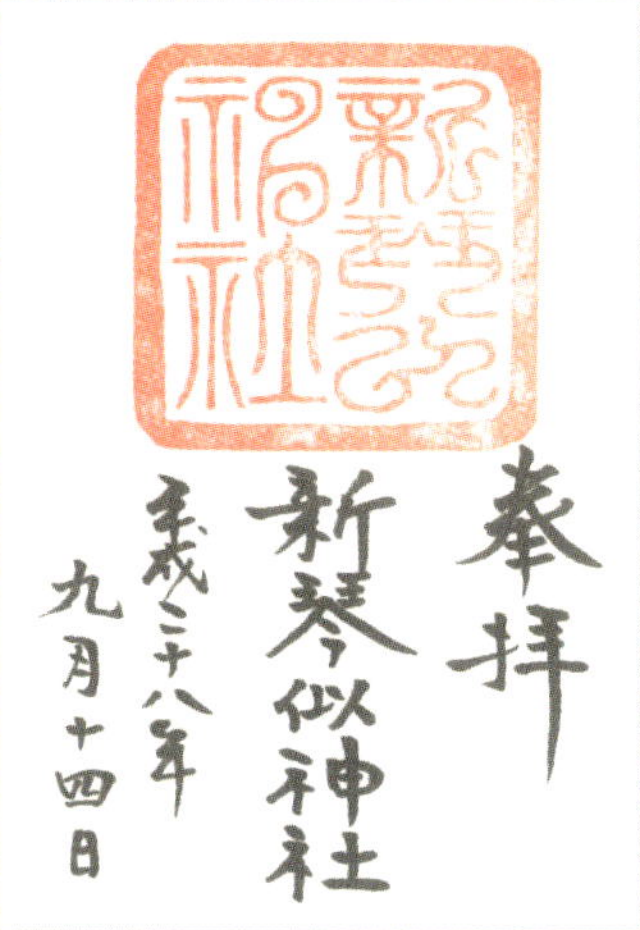


## 御朱印

麻生駅周辺の繁華街に近いことからこの御朱印をもらいに来る方は年々増えている

新琴似地区の開基 100 年を記念し建立された碑

北区の地域発展に寄与した歴代の農業協同組合長を顕彰した碑。

Pick Up!

◀健康お守り
800円

▲縁結びお守り　800円

▲安産子宝お守り
800円

札幌市

# 豊《とよ》平《ひら》神《じん》社《じゃ》

## ✻札幌の大動脈に面した豊平地区の氏神様

札幌中心部から千歳、苫小牧、室蘭までを縦貫する道央圏の大動脈、国道36号線に面して鎮座する豊平神社。1871(明治4)年、青森県平川市・猿賀神社の御分霊を勧請し社殿を建立しました。当神社は上毛野田道命・大山祇命・倉稲魂命の三柱を奉斎し、その中で主祭神である上毛野田道命は、崇神天皇の皇子豊城入彦命より五代目の子孫にして東北地方の守護神として厚く崇敬せられました。

当地域は東北地方移住者が多く、それゆえに故郷の氏神様をお祀りしたものです。

さらに当豊平地区は開墾の途上で森林遠く連なり、開墾を進めるにあたり、山林の神である大山祇神を祀りました。やがて開墾が進み沃野美田が広がり行くにつれて、五穀豊穣の神である倉稲魂神(稲荷大神)を合祀して豊平地区の氏神様として奉斎されました。

見てみよう!
寄ってみよう!

## 豊平川

北海道札幌市を流れる石狩川水系石狩川支流の一級河川である。札幌市の中心は、この川が形成した扇状地の上にある。市街を貫流する豊平川は、利水、治水両面で札幌にとって最も重要な川でレジャー施設やサイクリングロード、野球場、サッカー場も隣接されている。

◇◇◇◇◇

## 豊平神社

❇住／札幌市豊平区豊平4条13丁目1番18号
❇T／011-811-1049
❇F／011-814-4524
❇参拝時間／終日可能
❇御朱印料／お気持ち（300円程度）
❇アクセス／中央バスNTT豊平営業所より徒歩3分、地下鉄豊平公園駅より8分

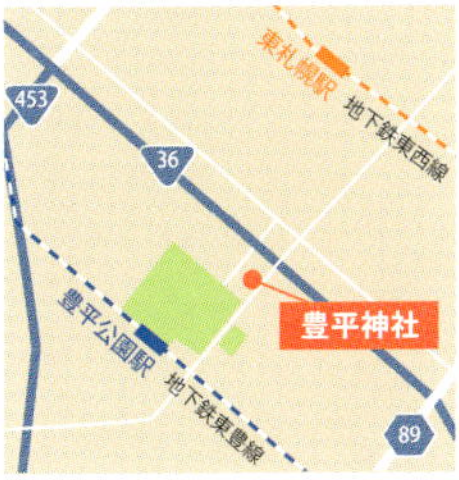

## 御朱印

神社の中でも数少ない
見開きでいただける
御朱印

Pick Up!

◀えんむすび守
500円

鈴がついた人気の
縁結びお守り

▲交通安全お守り　800円

カーアクセサリーとしてもかわいい形をしたお守り

◀仕事お守り
500円

人間関係良好、仕事運が上がりますようにと祈願するお守り

札幌市

# 石《いし》山《やま》神《じん》社《じゃ》

## ＊作業守護が神様への深い信奉への始まり

石山地区は札幌軟石の産出地であり、道外から渡道した職人たちが、故郷の神々を信奉し地区ごとに石碑を建て祀られる事に始まり、その集落が大きくなり１８８５（明治18）年、安全を祈念して大きな石碑に山の神とされたのが石山神社の始まりです。１９０９（明治43）年その地が子供たちの遊び場になり神聖なる場として相応しくないと現在の高台地の寄贈を受け天照大神、豊受大神、春日大神、八幡大神が合祀され神殿が建てられました。１９２７（昭和2）年に新たな神殿が完成、１９６８（昭和43）年法人取得により、天照大神を主祭神とし他は、石碑にて奉斎されています。

２００１（平成13）年には、南区で唯一の宮司が常駐する神社となり、２０１５（平成27）年伊勢神宮より道内で最大の量になる古材を載き現在の神殿建設となりました。

見てみよう!
寄ってみよう!

## 定山渓温泉

北海道札幌市南区、豊平川の渓谷にある温泉。泉質は塩化物泉。修験僧の定山が開いたといわれる。「札幌の奥座敷」と呼ばれ全国的にも有名。

◇◇◇◇◇

## 石山神社

※住／札幌市南区石山2条3丁目254番地
※T／011-591-1577
※F／011-591-1579
※参拝時間／終日可能
※御朱印料／お気持ち（300円程度）
※アクセス／地下鉄南北線真駒内駅よりじょうてつバスで15分、石山小学校前停留所下車徒歩3分

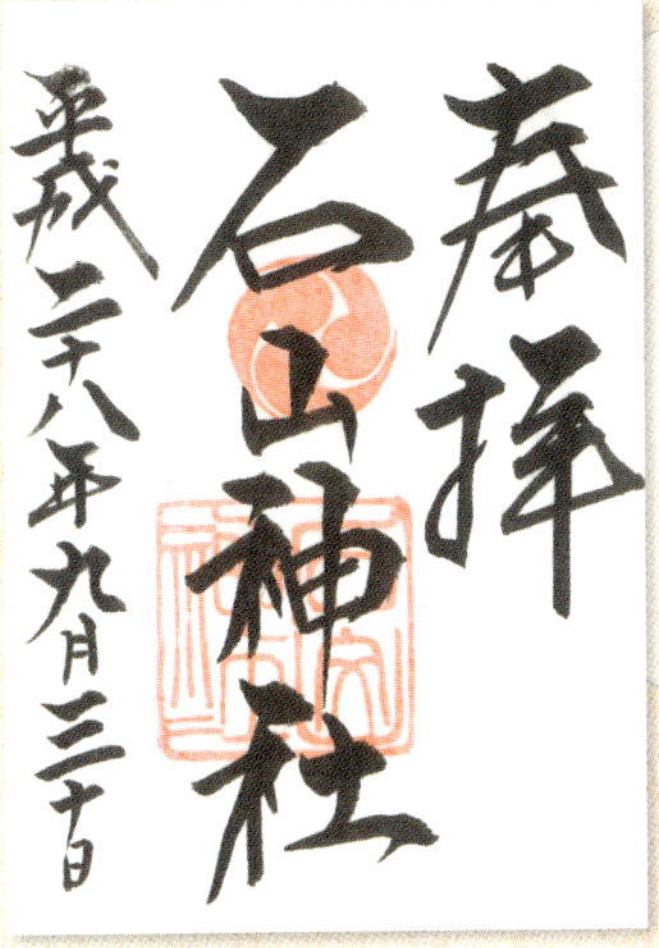


## 御朱印

バランスのとれた
すばらしい御朱印

様々な忠魂碑や招魂碑が立てられている境内

石山開基百年記念碑

Pick Up!

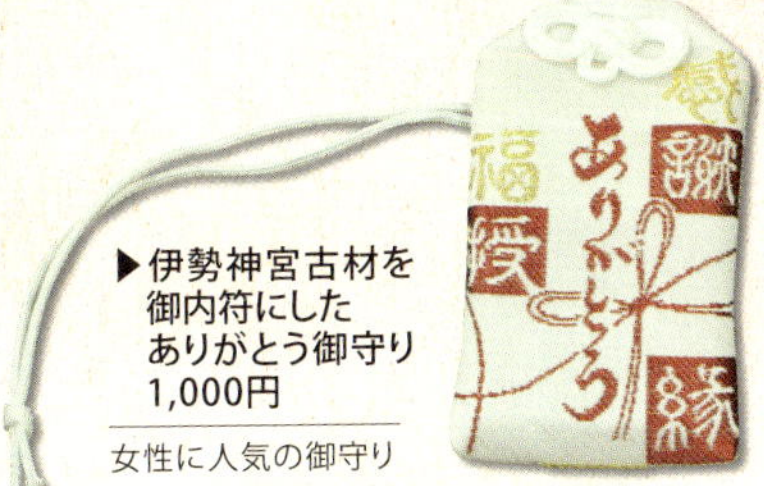


▶伊勢神宮古材を御内符にしたありがとう御守り 1,000円

女性に人気の御守り

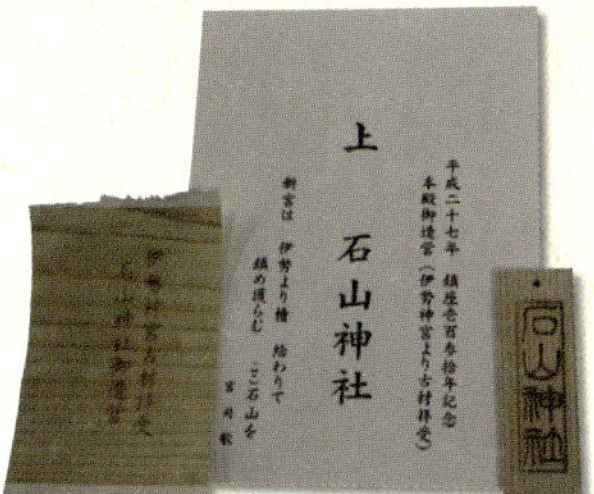


伊勢神宮の古材を使った建設時の記念

▲肌守り　500円

サッカー日本代表の御守り

札幌市

# 手《て》稲《いね》神《じん》社《じゃ》

## ✻「叶い石」を「願い石」に重ねて願う

明治初頭、当時の手稲村に住む北海道開拓移住者の多くは、札幌神社（現　北海道神宮）を参拝するのが一般的でした。やがて農繁期や冬季の不便を考え、地元に小祠を建立し遥拝するようになりました。明治30年に札幌神社正式遥拝所として許可され「軽川遥拝所」となりましたが、村民からの熱望で明治32年に神社公称を許可され「手稲神社」となりました。

大正6年に村社に昇格。昭和16年には郷社へ昇格し、文字通り手稲の街とともに発展してきた地元に根差した神社といえそうです。

昭和22年に手稲山山頂に道内最高地のお宮「手稲神社奥宮」を建立。手稲神社で授かる「叶い石」を持って参拝し、「叶い石」を「願い石」に重ねて願うと御神徳が吹き込まれ、自分だけの特別なお守りになるといわれています。

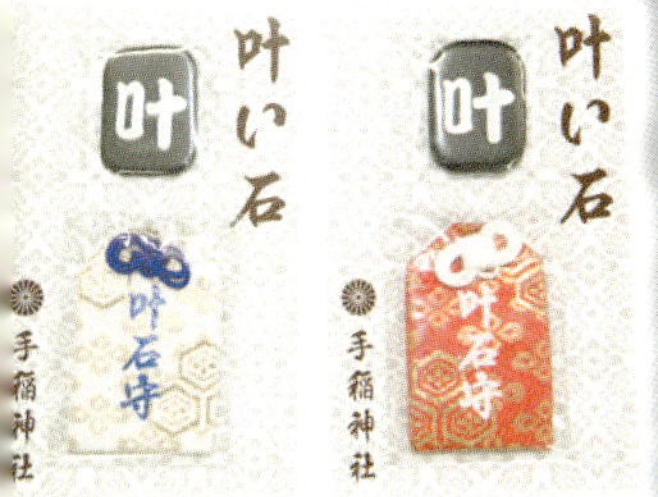


見てみよう!
寄ってみよう!

## 叶い石守

手稲山山頂の奥宮と境内にある藤白龍神社の横にある「願い石」に、重ねてお参りすることで願いが吹き込まれる御守。社務所にて購入可（800円）。

◇◇◇◇◇

## 手稲神社

※住／札幌市手稲区手稲本町2条3丁目4の25
※T／011-681-2764
※F／011-681-7307
※参拝時間／ 9:00～17:00
※御朱印料／300円
※アクセス／JR手稲駅より徒歩約2分

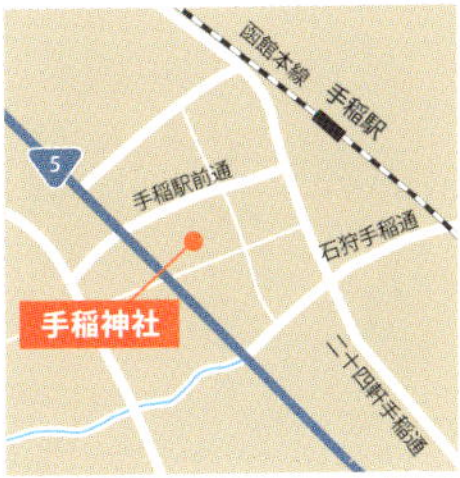


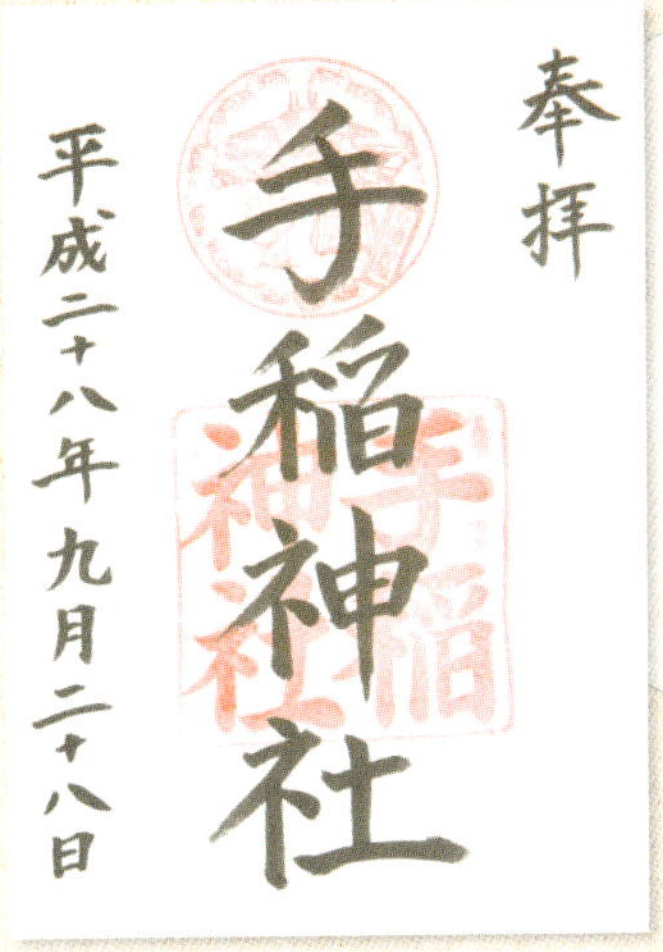


## 御朱印

手稲神社は心と心を結ぶ神社。清冽さの中にあたたかさを感じさせるご朱印。

立身出世、受験合格に御利益があるといわれる「せのび石」

古来より不思議な力を宿すといわれる「願い石」

Pick Up!

奥宮：山頂に鎮座し、多くの登山者が叶い石守を持って参拝しています

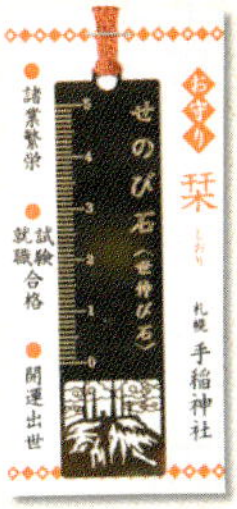


せのび守
700円

世にのびるように合格・開運出世を祈願した御守

九面守　700円

本殿内にある九面（くめん）が願いごとを工面してくれる御守

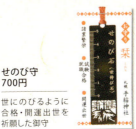

札幌市

# 札《さっ》幌《ぽろ》護《ご》國《こく》神《じん》社《じゃ》

## ✻昭和47年には昭和天皇皇后両陛下御親拝

札幌護國神社は、１８７７（明治10）年の西南の役に戦病没した屯田兵の御霊を慰めるため、その2年後に創建されました。１９１１（明治44）年に中島公園に移転し、明治27・28年の日清戦争の戦病没者を合祀し、明治37・38年の日露戦争の戦病没者の合祀のため忠魂碑を建て、乃木将軍之を題しました。１９３３（昭和8）年、現在地に札幌招魂社を造営し官幣大社札幌神社に奉斎せる神霊をここに奉還。１９３６（昭和11）年昭和天皇北海道行幸の砌、祭粢料御下賜。昭和14年4月1日内務省指定の護國神社となりました。

また、境内社の多賀神社では、滋賀県多賀大社より分霊され、１９４９（昭和24）年より御祭神をお祀りしています。境内の「彰徳苑」には各戦没者の数多くの石碑が立ち並んでいます。

見てみよう!
寄ってみよう!

## 豊平館

現在は中島公園内にある歴史的建造物の1つ。最初の宿泊客は明治天皇。木造洋風建築と札幌の歴史を楽しめる交流施設。

◇◇◇◇◇

## 札幌護國神社

❇住／札幌市中央区南15条
西5丁目1番地
❇T／011-511-5421
❇F／011-511-5422
❇参拝時間／終日可能
❇御朱印料／お気持ち
(300円程度)
❇アクセス／地下鉄南北線幌平橋駅1番出口から徒歩約6分

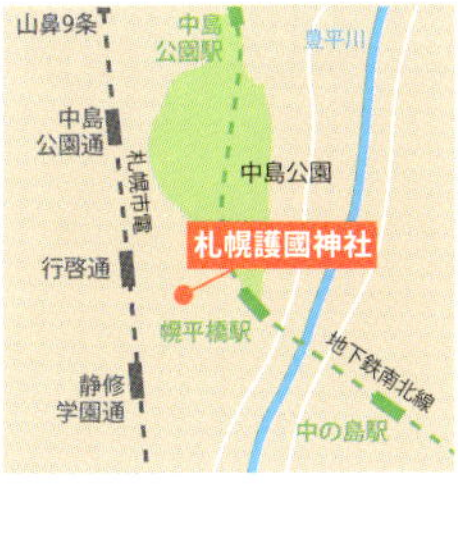


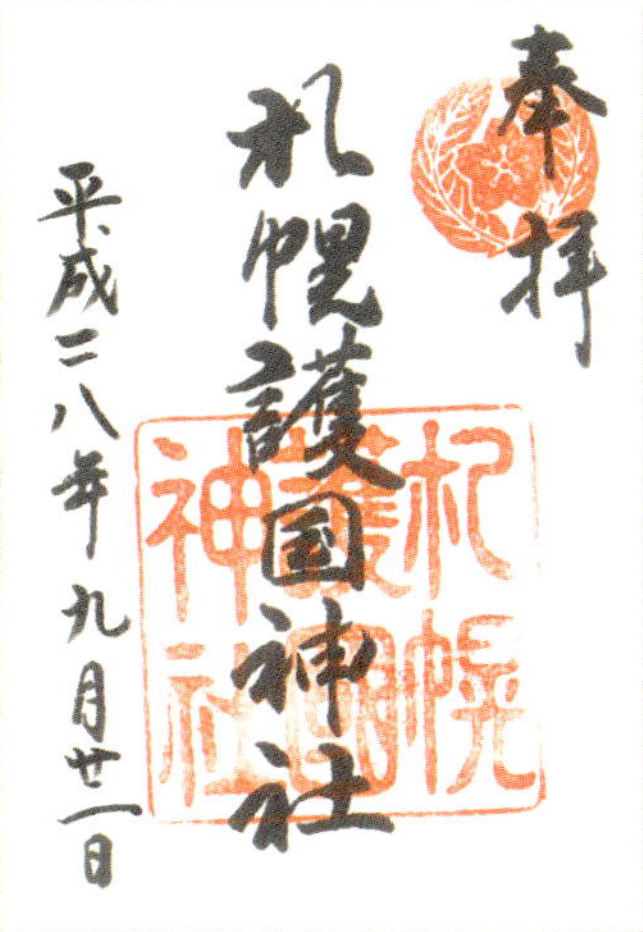


## 御朱印

昭和天皇も御親拝された神社の貴重な御朱印

「一位」にちなんだいちいの木

五十鈴川のような鴨々川の流れ

Pick Up!

◀交通安全御守り
各700円

反射板にもなっている交通安全御守り

▲交通安全御守り
各700円

「無事かえる」になぞった交通安全御守り

◀縁結び御守り
800円

縁結びで有名な「多賀神社」の御守り

札幌市

# 札《さっ》幌《ぽろ》諏《す》訪《わ》神《じん》社《じゃ》

## ✻縁結び、子授け、安産の祈願で多くの人に幸せを

総本社は、長野県諏訪湖の湖畔に鎮座する信濃国一ノ宮「諏訪大社」出雲大社の神様の二番目の御子神にして、古来より開拓殖産の神でありますが、戦の神でもあり、一方で夫婦二柱を祀ることから、結びの神としても深く信仰されており、全国に御分社が約一万社在ります。

　国土開発・殖産・開運の神、戦・勝負事の神、縁結び・子授け・安産の神様として信仰されていますが、近年の特色としては特に子授けや安産の祈願に詣でる方々が多く市内はもとより道内各地、更には本州からもご夫婦でお参りにおいでになります。

見てみよう!
寄ってみよう!

## Petites Panna (ペテ パンナ)

手創りランチ、創作パスタ、丼、おとしたてのコーヒー。コーヒー豆の挽き売りからデザートも楽しめる。諏訪神社から徒歩5分のジャズ喫茶。

札幌市東区北11条東1丁目1番41号　TEL:011-751-9472

◇◇◇◇◇

## 札幌諏訪神社

❇住／札幌市東区北12条
　東1丁目1-10
❇T／011-711-0960
❇F／011-741-5430
❇参拝時間／9:00〜17:00
❇御朱印料／お気持ち(300円程度)
❇アクセス／地下鉄南北線「北12条駅」1番出口徒歩8分・地下鉄東豊線「北13条東駅」2番出口徒歩3分

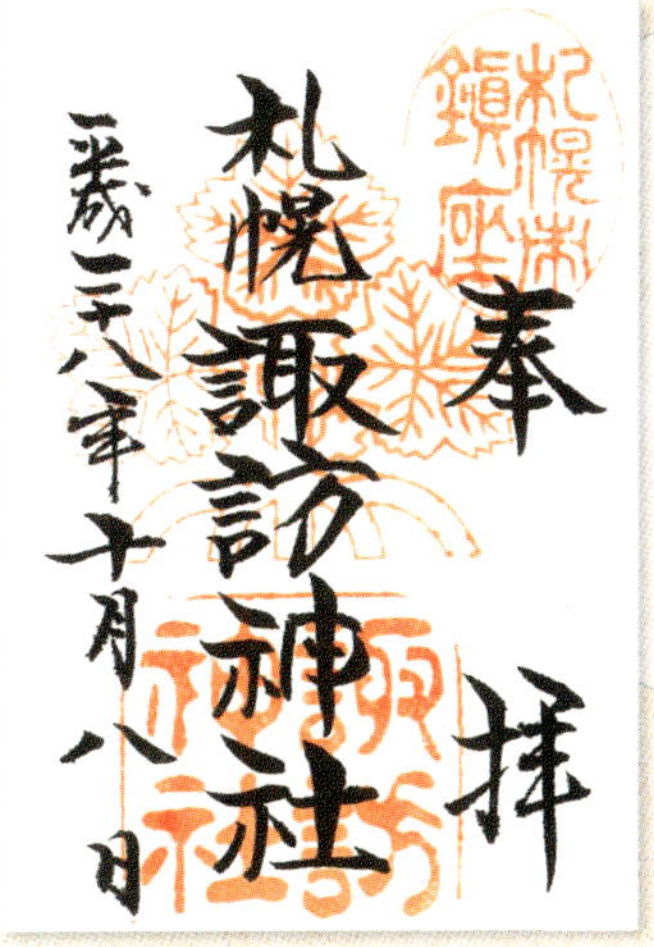


### 御朱印

力強い文字に複数の押印が人気の御朱印

国道に面していてもすぐわかる外観

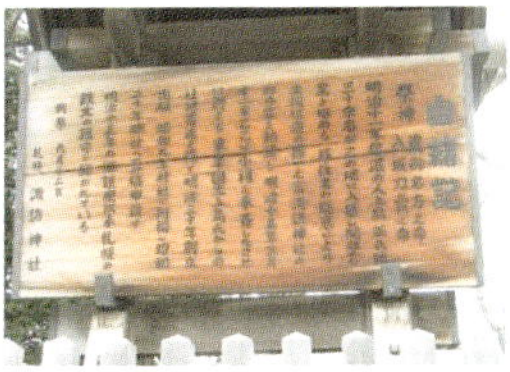
歴史を感じる木に由来が刻まれている

## Pick Up!

◀安産祈願
1,000円
絵馬を奉納される方が多くいます

恋守
800円

縁結守
800円

札幌市

# 信濃《しなの》神社《じんじゃ》

## ＊信州（信濃の通称）人としての団結心が礎に

苔むした境内、そして季節ごとに草花が咲く保存林が自然のパワー満ち溢れる信濃神社は１８９７（明治30）年に御鎮座しました。１８８１（明治14）年長野県上諏訪より、河西由造が30戸の入植者と共に開墾に励み、その翌年に諏訪大社より御分霊を奉戴し、心の拠所として小さな祠を建てて祀ったのが始まりです。

現在の御祭神は建御名方富命（厄除開運、交通安全、文武）、八坂刀売命（安産、子授け、縁結び）、上毛野君田道命（家内安全、生業繁栄）の三柱です。

境内には、いつ誰が置いたかわからない大きな石が鎮座しています。石にある顔のようなくぼみは、見る人によって笑って見えたり、泣いて見えたり。今では訪れる人に深く信仰されるようになりました。野鳥も多く飛来し、春は桜、秋は紅葉が美しく、札幌市保存樹林地に指定されています。

見てみよう!
寄ってみよう!

## 願い石

いつ誰が置いたかわからない石ですが、誰も動かすことが出来なかった為、いつの間にか信仰されるようになり、参拝後にこの石にも手を合わせるのが日常になった。

◇◇◇◇◇

## 信濃神社

❋住／札幌市厚別区厚別中央
4条3丁目3番3号
❋T／011-892-3085
❋F／011-892-5663
❋参拝時間／終日可能
❋御朱印料／お気持ち
(300円程度)
❋御朱印は9時〜16時
❋アクセス／JR厚別駅より徒歩5分、地下鉄新札幌駅より徒歩20分位

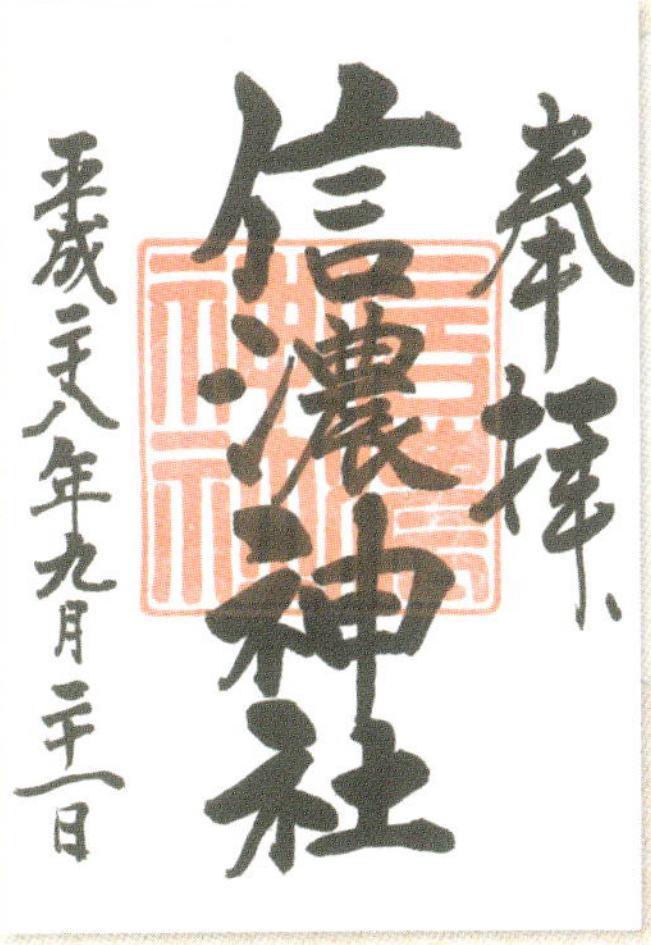


## 御朱印

近所に住む人々にも
人気が高い力強い
御朱印

❷

❶

## Pick Up!

❶飛躍お守り
1,000円

幸せを運ぶお守り

❷幸運の桜守り
1,000円

恋愛運、学業運、金運、健康運のラインストーン入り、お守り

▶仕事守り
500円

いとなみ さかえるお守り(オリジナルで宮司がデザイン)

札幌市

# 厚《あしり》別《べつ》神《じん》社《じゃ》

## ＊五穀豊穣と地域住民の安全を祈願

厚別神社は、同市内の厚別区にある神社ではなく、呼称も「あつべつ」ではなく、「あしりべつ」と呼びます。この地に最初に入地した長岡重治が1874（明治7）年開墾地の片隅に小祠を作り、朝夕拝礼していましたが、開墾が進むにつれ自分だけでなく他の同僚にも詣でてもらいたいと浪岡誠一郎らに相談をし、厚別川東側（現在の旧国道）に合掌作りの社を1885（明治18）年に建立するに至りました。天照大神、大山祇神、倉稲魂神の神霊を奉斎し、五穀豊穣と地域住民の安全を祈願したことに由来し、鎮守の氏神として祀られています。境内には、戦争の犠牲者を祀った忠魂碑や清田開基百年碑が建立されています。

旧道から石段を登り境内に向かうとき、振り返ってみるとマチのいい景色が見られるというのも特徴です。

見てみよう!
寄ってみよう!

## 厚別競技場

厚別公園競技場は1986（昭和61）年に完成いたしました。鉄筋コンクリート3階建ての施設となっております。1996（平成8）年からはサッカー Jリーグコンサドーレ札幌のホームスタジアムとなっております。

◇◇◇◇◇

## 厚別神社

❇住／札幌市清田区平岡2条
　1丁目3番1号
❇T／011-881-1930
❇F／011-888-4688
❇参拝時間／終日可能
❇御朱印料／お気持ち（300円程度）
❇アクセス／中央バス札幌駅前発
　平岡営業所行「清田区役所」
　下車徒歩2分

## 御朱印

大きく捺印されたおしるしが特徴の御朱印

整った樹木に囲まれた大きな忠魂碑

木に囲まれた手水舎

Pick Up!

◀御守袋　700円

地元サッカーチームの「北海道コンサドーレ札幌」のサポーターに人気の御守

▼絵馬　600円

厚別神社の入り口の風景をあしらっている

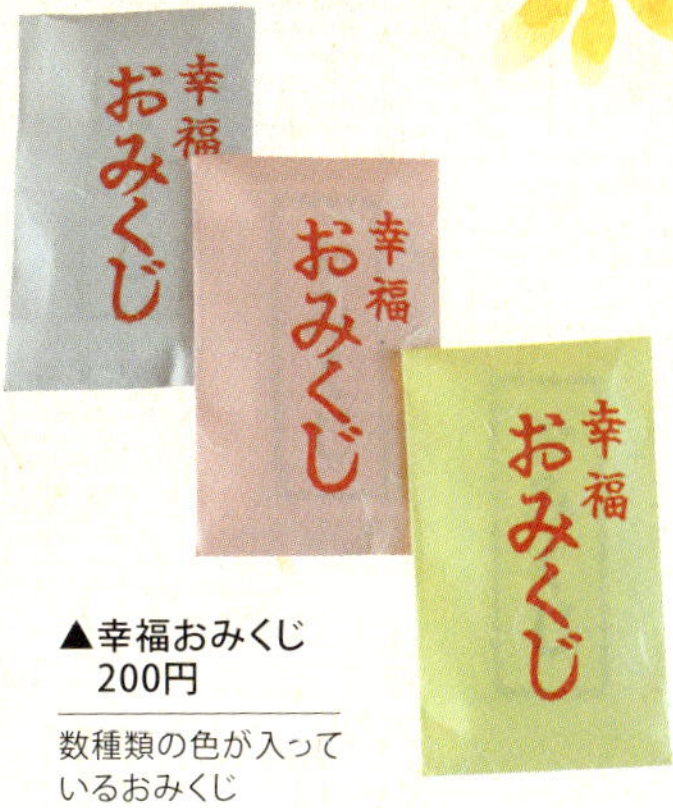


▲幸福おみくじ
200円

数種類の色が入っているおみくじ

札幌市

# 成田山札幌別院 新《しん》栄《えい》寺《じ》

✻ パワースポットとしても多くの人に人気

成田山札幌別院新栄寺は、その名に成田山が付いている通り、千葉県成田市にある成田山新勝寺の札幌別院で、お不動様を御本尊としてお祀りし〝北海道三十三観音霊場九番札所〟や〝北海道三十六不動尊霊場三十六番札所〟としても知られています。新栄寺は1885(明治18)年に仮堂を建設したところから歴史が始まり、本山の成田山新勝寺から本尊の不動明王の分身を勧請して開創し、1889(明治22)年に成田山札幌別院新栄寺と公称しました。

その大きな特徴が、床に蓮の花の描かれた丸い踏み板が並べられた、四国八十八ヶ所霊場の砂が収められている〝お砂踏み霊場〟と呼ばれる場所があることで、そこを踏み歩くことにより霊場巡りの効果が得られるといわれています。

このようなことから、新栄寺はパワースポットとしても人気です。

見てみよう!
寄ってみよう!

## お砂踏み霊場

新栄寺には四国八十八ヶ所霊場の砂が収められている”お砂踏み霊場”と呼ばれる場所があり、そこを踏み歩くことで霊場巡りの効果が得られると言われています。

◇◇◇◇◇

成田山札幌別院

## 新栄寺

❇住／札幌市中央区南7条
西3丁目3
❇T／011-511-0927
❇F／011-511-0928
❇参拝時間／終日可能
❇御朱印料／お気持ち(300円程度)
❇アクセス／札幌市東豊線豊水すすきの駅より250m、札幌市南北線すすきの駅より370m

## 御朱印

数種類ある
御朱印のなかでも
力強い御朱印が人気

Pick Up!

▲お財布　500円

お金が貯まると言われている

▲安産お守り　1,000円

数ある安産お守りの中でも動物が可愛く描かれている

▲厄除け　3,500円

札幌市

# 札《さっ》幌《ぽろ》村《むら》神《じん》社《じゃ》

## 開拓の息吹感じられるマチに開拓三神を奉斎

「札幌村」は、１８６６（慶應2）年徳川幕府により、幕使大友亀太郎が開拓を始めた地域で、大友堀（現・創成川）を掘削し、豊平川の支流から水を取り入れ、現札幌村郷土記念館（北13条東16丁目）あたりで伏古川につなぎ、北11条東10丁目から北14条東14丁目の当社九古社地（現・環状線）の辺りに田が作られたようです。

札幌村神社は１９００（明治33）年創祀。その時、官幣大社札幌神社（現・北海道神宮）より開拓三神の御分霊を奉斎するゆえに社名を札幌神社としましたが、官幣大社と同称なるとして許可ならず、社名に『村』を附し届出したとの経緯があります。

境内には日露戦役忠魂碑なども建立。毎年9月に行われる例大祭では伝統の子ども相撲なども行われ、大変賑わいます。

見てみよう!
寄ってみよう!

## 札幌村
## 郷土記念館

大友亀太郎は、札幌村をはじめて開拓した人で1866（慶応2）年幕府から蝦夷地開墾掛を命じられ、御手作場を石狩原野のサツホロと決め、伏古川のほとりから開拓をはじめました。これが札幌村のはじまりです。

◇◇◇◇◇

## 札幌村神社

❇住／札幌市東区北16条東14丁目3番1号
❇T／011-741-7789
❇F／011-752-7205
❇参拝時間／9:00～17:00
❇御朱印料／300円
❇アクセス／市営地下鉄環状通東駅より徒歩3分

## 御朱印

シンプルだが現代的
おしゃれを感じる
デザインの御朱印

住宅の中にあり愛される手水舎

日露戦役忠魂碑

Pick Up!

◀祈願絵馬
600円

▲子授安産守　800円

▲合格守　1,000円

札幌市

真言宗

# 地《じ》蔵《ぞう》寺《じ》

## ＊多くの人に親しまれる「首なし地蔵」のあるお寺

地蔵寺は京都府東山七条にある総本山智積院の末寺（全国3000ヶ寺）として、1930（昭和5）年に札幌開拓延命地蔵尊をご本尊として開山しました。開山当時のご本尊札幌開拓延命地蔵尊は明治4（1871）年9月24日に建立。台座には石工滝上増太郎と刻まれており、札幌開拓の草創期に造られた札幌最古の石佛地蔵として知られています。そして、このお地蔵さんの行く所は皆発展を遂げたことから、開拓地蔵と呼ばれるようになりました。

明治の初めに一時首が無くなるという出来事がありましたが、大正の初めにその首が見つかったことから、首なし地蔵の呼び名がつき、今も多くの檀信徒に親しまれています。現在の本堂は、開山80周年記念事業として現住職が発願、平成21年7月に完成されたものです。

見てみよう!
寄ってみよう!

## 藻岩山展望台

札幌を一望できる、360度の大パノラマを体験できる。高齢の方や、車椅子の方、お体の不自由な方でも、誰もが気軽に登れるように設計されています。

◇◇◇◇◇

## 地蔵寺

- ※住／札幌市中央区双子山1丁目10-12
- ※T／011-561-4991
- ※F／011-512-6505
- ※参拝時間／終日可能
- ※御朱印料／お気持ち(300円程度)
- ※アクセス／地下鉄南北線中島公園駅から山鼻線(啓56)「中島公園駅前」JRバス乗車12分

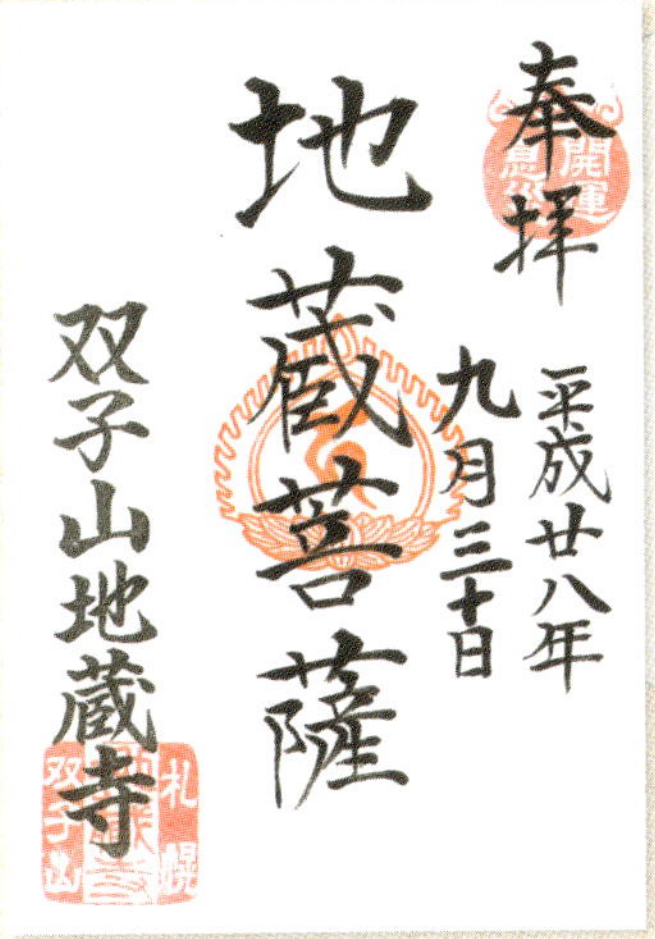


### 御朱印

独自のおしるしが
特徴の御朱印

外にも延命地蔵が祭られている

修行大師像

### Pick Up!

寺宝の札幌開拓延命地蔵尊
(首なし地蔵)

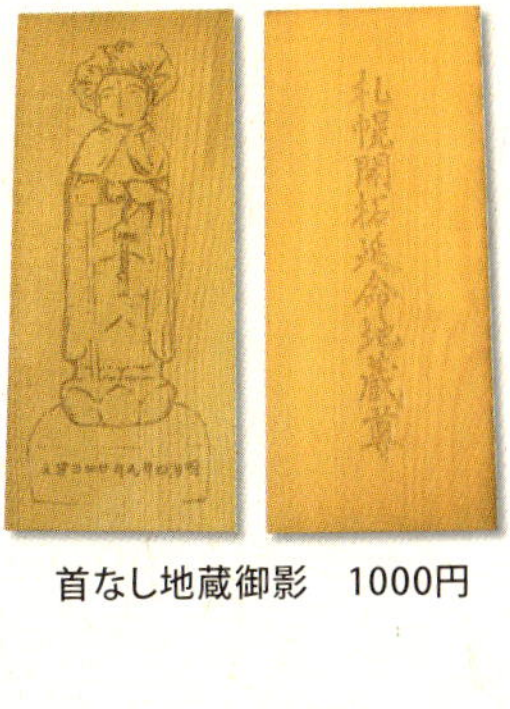


首なし地蔵御影　1000円

札幌市

# 新《しん》川《かわ》皇《こう》大《たい》神《じん》社《じゃ》

## ✻地元に根付いた新川一円の鎮守

新川皇大神社の始まりは、１９０４（明治37）年に建てられた『じじんさん』の五角石柱です。37名の有志が主となって開拓農民の信仰の中心として１９０８（明治41）年9月20日、本殿遷座の儀行われ、その後新川大改修工事に伴い遷座の止むなきに至り、１９５６（昭和31）年9月20日、御造営、本殿遷座祭の儀行が行われた。30年の風雪により、本殿・社務所の痛み著しく、１９８５（昭和60）年本殿、次いで１９９５（平成7）年社務所が改築されました。後利益は健康、学問、縁結び、開運・勝運、商売繁盛、動物・ペット守護といわれ地元の方々も日々参拝しに来ています。

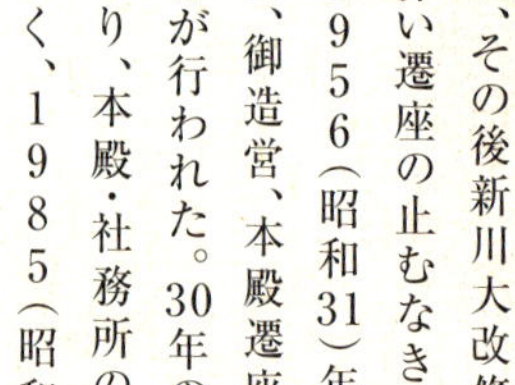

見てみよう!
寄ってみよう!

## MEGAドン・キホーテ新川店

「豊富な品揃え」と「驚きの安さ」をコンセプトに開発した、日本初の「ファミリー型総合ディスカウントストア」です。売場面積は平均約7,000$m^2$、取り扱いアイテム数は10万点以上と驚きのビッグストアです。

◇◇◇◇◇

## 新川皇大神社

- ✻住／札幌市北区新川3条13丁目3番12号
- ✻T／011-765-7880
- ✻F／011-765-4544
- ✻参拝時間／9:00～17:00
- ✻御朱印料／お気持ち(300円程度)
- ✻アクセス／南北線地下鉄「北24条」駅より中央バス新川線、西稜橋停留所下車徒歩2分

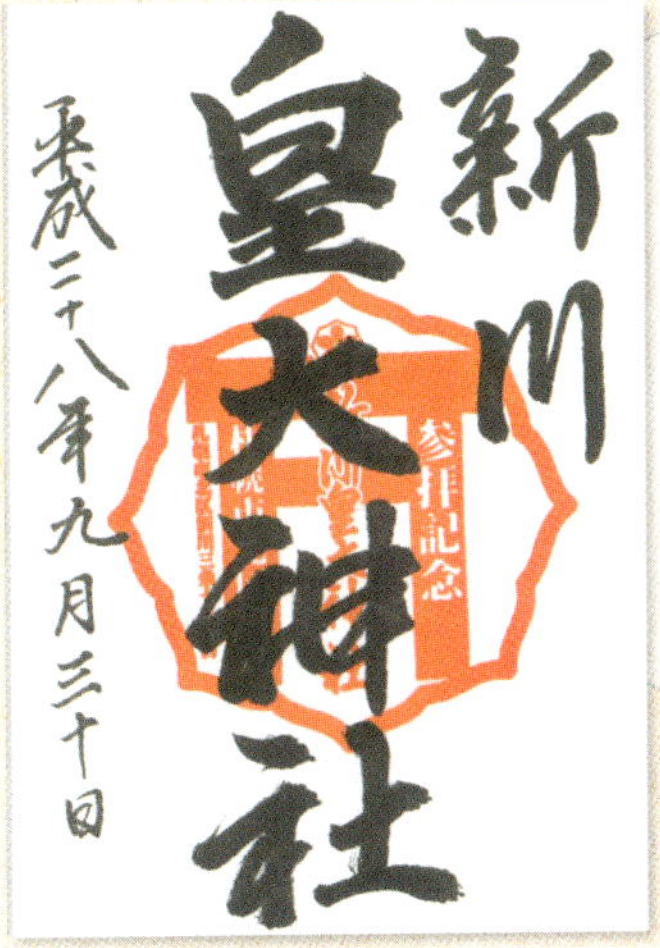


## 御朱印

四角い印が多い中、八咫鏡が印象的な御朱印です

住宅地の中にあって存在感を感じる鳥居と境内

参拝の前に自分の干支を三度摩ります

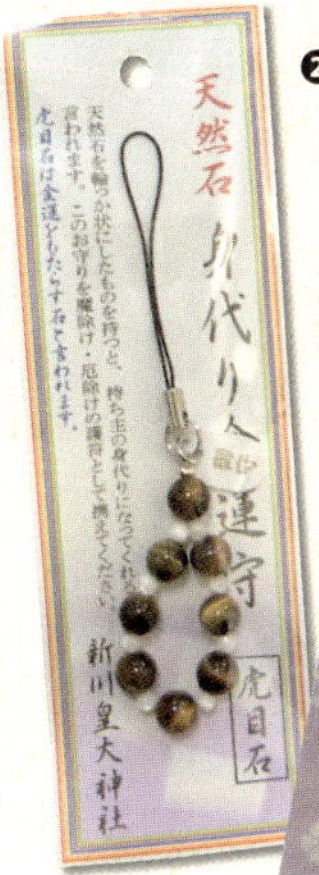

❶縁結びお守り　500円

天然石を使ったきれいな縁結びお守り

❷身代りお守り　500円

虎目石を使った身代りお守り

Pick Up!

▼合格絵馬　1000円

学生に人気

札幌市

# 烈《れつ》々《れっ》布《ぷ》神《じん》社《じゃ》

## ＊発展する街並みを支える地元の鎮守

札幌の地下鉄「東豊線」栄町駅を降り、北42条通（道々丘珠空港線）を10分ほど歩くと道路沿いに「烈々布神社」があります。このあたりはかつて烈々布と呼ばれており、この街道も烈々布街道と呼ばれていました。烈々布は現在の札幌市東区と北区にまたがる広大な地域でした。1889年（明治22）年に天照皇大神を祀るための小祠を建立し「烈々布神社」と称したのが始まりです。その後1893年（明治26）年に横山久太郎が発起人となって札幌三吉神社の祭神である、大穴牟遅神、少彦名神、藤原三吉命の三柱の御分祀を受け、新社殿を造営しました。

見てみよう!
寄ってみよう!

## ひのまる公園

札幌開拓の先覚者が肥料や農機具の威力を農民に普及させるため、自ら農業に従事して[日の丸農場]を経営して開発の発展に力を尽くしました。その農場の跡地である[ひのまる公園]は、さっぽろふるさと文化百選にも選定されている歴史的な場所でもあります。

◇◇◇◇◇

## 烈々布神社

❇住／札幌市東区北42条
東10丁目1番地
❇T／011-711-9773
❇F／011-711-9800
❇参拝時間／9:00～17:00
❇御朱印料／300円
❇アクセス／地下鉄東豊線栄町駅下車徒歩10分

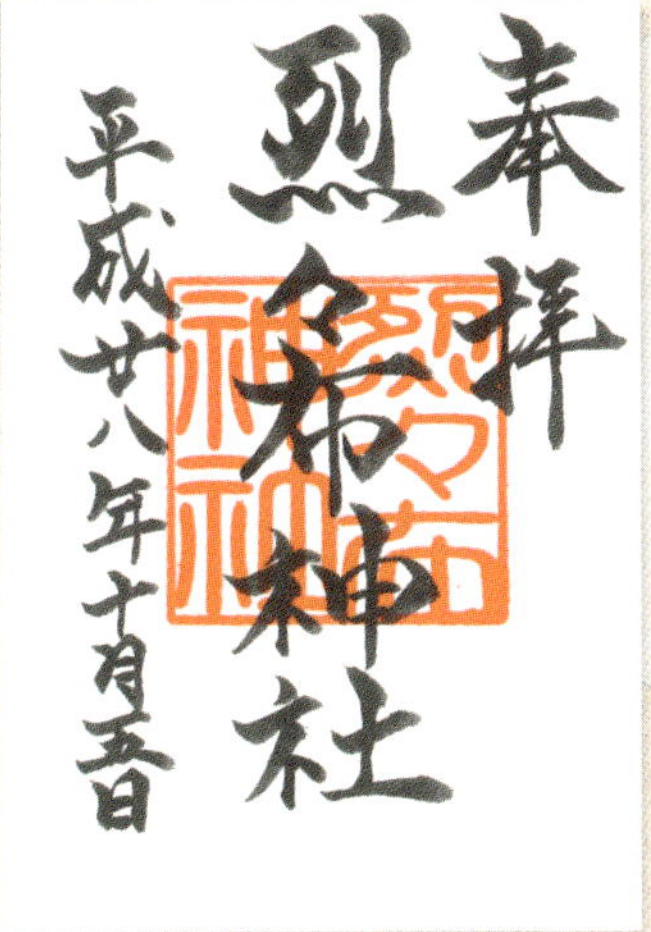


## 御朱印

本殿の美しさと相まみえるようにきれいな御朱印

地元に根付いたこの神社は地域始め道内外より多くの参拝者が絶えない

この神社と地域に功績のあった、嶋良作翁の胸像が建立されている

## Pick Up!

▲結び守
500円

▲リラックマ
肌守り　500円

身代り御守　500円

札幌市

日蓮宗経王山

# 光明寺《こうみょうじ》

## ✻地域に根付いた新琴似の象徴

1891（明治24）年現在の麻生球場付近に石橋日耒上人が日蓮宗新琴似村布教所を設立し、これが光明寺創立、開基の始まりとなります。この後を継いだ家田日融上人が正式に新琴似村日蓮宗説教所として開拓村に出願登録し、豊平経王寺の布教所とした。

開山田中躍運上人は師匠日豊上人の勧めで北海道布教開拓を志して来道し、新琴似布教所を中心として修法布教に挺身しました。1901（明治34）年新琴似地区の多くの信者は、苦悩を忍んで頂いて、この地に永住されるなら一寺を建立するとの要望で本堂を建立し「経王山光明寺」と寺号公称し、100年以上経った今もその地に至っています。

見てみよう!
寄ってみよう!

## 安春川

新琴似4条と新琴似5条の境に、2丁目から13丁目あたりまで、ほぼ直線に流れるものの、新琴似5条13丁目で、北北東に曲がっている地元憩いの場所。シーズンが来ると桜が川沿いに咲き、お散歩コースとして愛されている。

◇◇◇◇◇

日蓮宗経王山
## 光明寺

❊住／札幌市北区新琴似7条
　1丁目2番52号
❊T／011-716-2922
❊F／011-756-5769
❊参拝時間／不定期
❊御朱印料／お気持ち
　（300円程度）
❊アクセス／地下鉄南北線「麻生駅」より徒歩5分

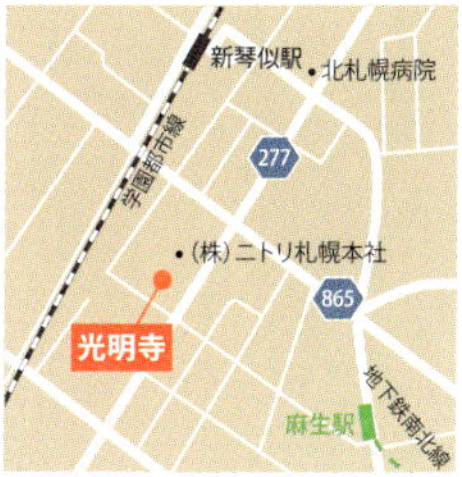


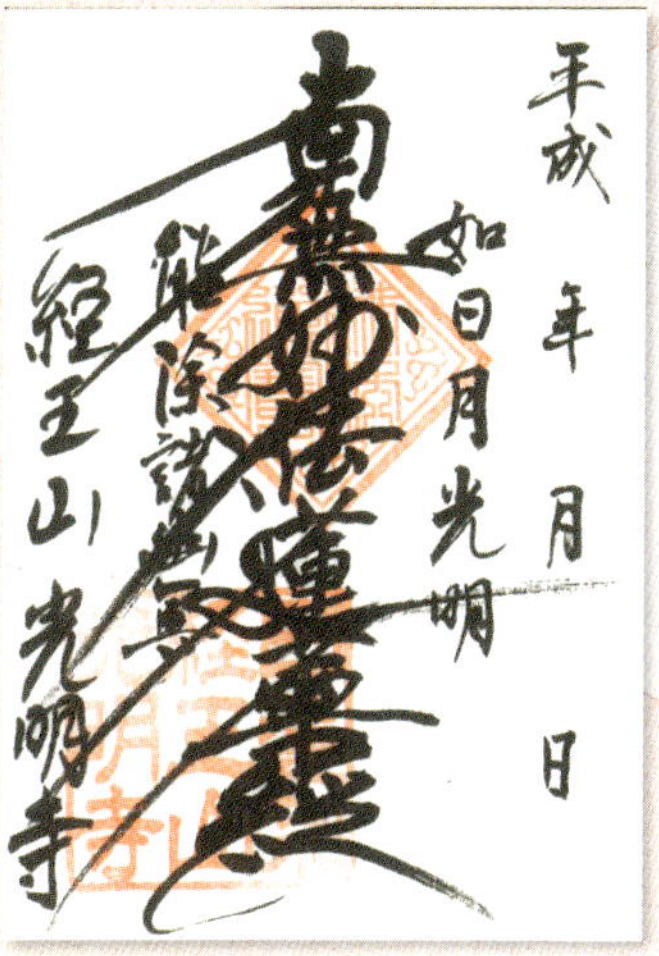


## 御朱印

流れるような筆文字と
お寺の歴史感じる
御朱印

道路から見た本堂と門

開基 100 年に贈呈された記念碑

Pick Up!

◀肌守り
500円

▶交通安全
お守り
500円

◀金運守り
500円

▲いのちに合掌お守り
500円

江別市

# 錦《にしき》山《やま》天《てん》満《まん》宮《ぐう》

## ✽学問の神様で学生に大人気の神社

　１８８５（明治18）年、九州各県・山口・広島・岡山・鳥取の各県から野幌屯田兵の入植により、原始の密林を開拓し入植者の「心のよりどころ」として１８８９（明治22）年伊勢皇大神宮から御分霊を奉斎して祭祀したのが始まりで１９８７（昭和62）年には御鎮座１００年を迎えることとなりました。当時「錦山神社」として、野幌地域の鎮守、五穀豊穣の神として崇拝されておりました。

　１９７３（昭和48）年、九州太宰府天満宮から菅原道真公の御分霊を奉斎して、錦山天満宮と改名して以来「天神さま」の御神徳を仰ぎ今日に至ります。平成2年には、太宰府天満宮より御神納の梅の苗木を賜り、境内には梅園が造成されました。

　また、受験シーズンになると、近くの中学・高校生をはじめ道内各地の受験生が合格祈願に訪れます。

見てみよう!
寄ってみよう!

## 野幌森林公園

この公園は、1968（昭和43）年に北海道百年を記念して道立自然公園に指定されました。野球場、サッカー場もあり、緑がいっぱいで遊歩道を使って自然を楽しむことができます。

◇◇◇◇◇

## 錦山天満宮

※住／江別市野幌代々木町
38番地
※T／011-383-2467
※F／011-383-3894
※参拝時間／9:00～17:00
※御朱印料／お気持ち
（300円程度）
※アクセス／JR野幌駅より、
徒歩8分

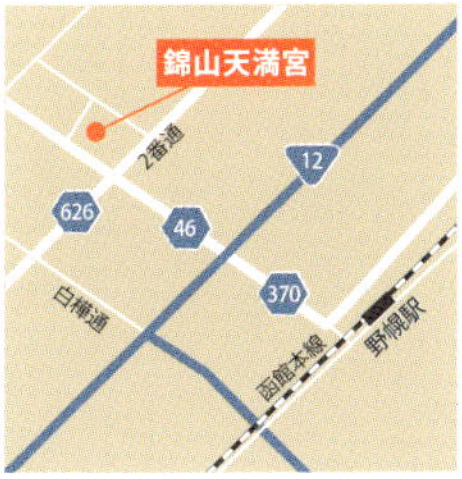


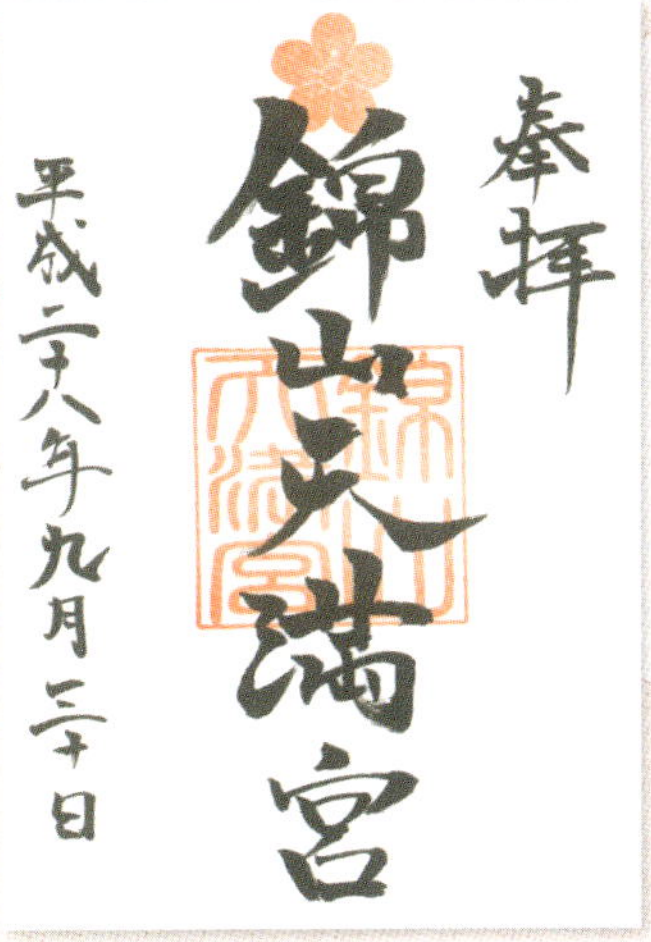


## 御朱印

力強く、学問の神様に
ふさわしい御朱印

歴史を感じる手洗い場

当時の北海道知事の
名前が入った忠霊塔

## Pick Up!

▶合格御守り
600円

鮮やかな
カラーのお守り

▲学業守り　600円

巾着袋のようなかわいいお守り

▲なかよし守り　600円

女性に人気のお守り

栗山町

# 栗《くり》山《やま》天《てん》満《まん》宮《ぐう》

## ✻年間の最後のお祭りが盛大に行われる神社

夕張川沿に散住していた７、８戸の開拓者が森林の中に祭壇を設け、小祠を形成し崇拝していたのが神社の始まりといわれています。１８８８（明治21）年富山・宮城県人が入植して開拓が進められ、明治24年鉄道が敷設され、１８９３（明治26）年開通しました。当時、栗の木が多かったところから栗山と呼ばれるようになり、人家も30戸と増え有志が首唱し、１８９１（明治24）年栗山神社と称し小社殿を建築し、太宰府天満宮のご分霊を奉祀、菅原道真公をご祭神とし１９２５（大正14）年に社殿、拝殿を大々的に造営し栗山天満宮と改称し、１９６９（昭和44）年新本殿拝殿社務所を造営し今日に至り、栗山天満宮秋季例大祭は、道内最後の秋祭りとして毎年大勢の人でにぎわいます。３００店以上の露店が並ぶのが特徴で、特に夜遅くまで行なわれる植木市はおすすめです。

見てみよう!
寄ってみよう!

## 小林酒造

小林酒造は創業1878（明治11）年。商標の『北の錦』が有名な酒蔵です。初代、小林米三郎が北海道のこの地で錦を飾ってやろうという意気込みを表したものです。

◇◇◇◇◇

## 栗山天満宮

※住／夕張郡栗山町桜丘2丁目32番地1
※T／0123-72-1370
※F／0123-76-9251
※参拝時間／9：00～17：00
※御朱印料／お気持ち（300円程度）
※アクセス／北海道中央バス「高速くりやま号」札幌-栗山間約1時間・夕鉄バス「新さっぽろ駅前線」新札幌駅-栗山間約1時間

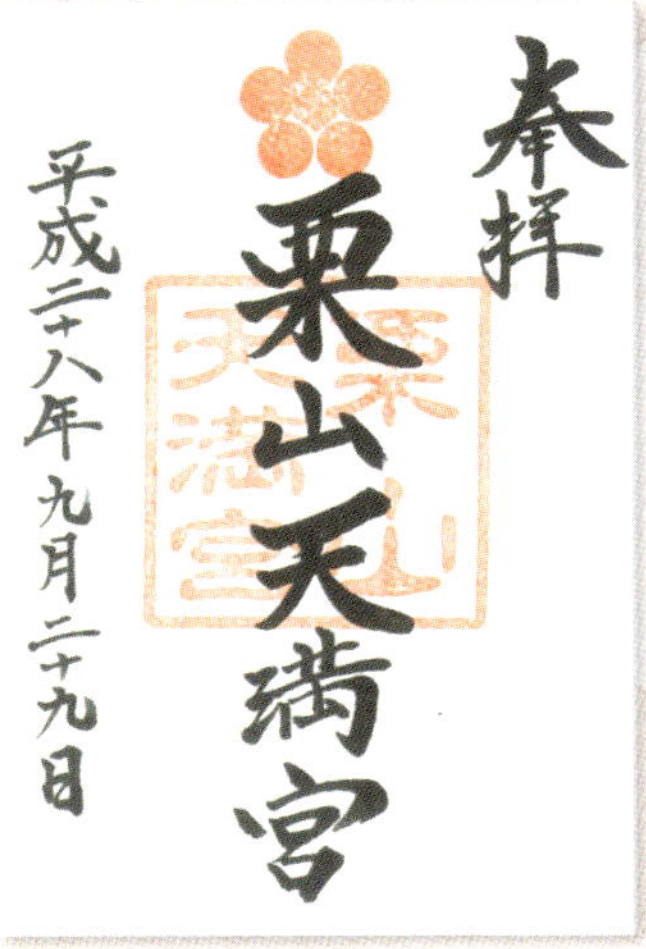


## 御朱印

栗山天満宮のおしるしを押印したきれいな御朱印

落ち着いた雰囲気の手水舎

Pick Up!

◀キティちゃんの肌守り
各700円

▲合格祈願御守り　各700円

▲ランドセル御守り
各700円

5色ものバリエーションがある御守り

白老町

# 白《しら》老《おい》八幡《はちまん》神社《じんじゃ》

## 350年の歴史を感じる境内

白老八幡神社は、今からおよそ350年前に「弁財天」を奉ったのが始まりで、現在は白老郡の総鎮守となり、毎年多くの参拝客で賑わっています。白老八幡神社にはロシア帝国との交流を示す「エカテリーナの絵馬」があり、現在は白老町の文化財に指定されています。その他にも数多くの歴史的資料が保管され、当神社の伝統と歴史を物語っております。

　また、境内には北海道庁の銘木に指定された「誉の松」（イチイ、樹齢およそ800年）があり9月に斎行される白老八幡神社例大祭では、毎年全道から50チーム・2500人による「YOSAKOIソーラン踊り」が開催され、札幌の「YOSAKOIソーラン祭り」に次ぐ祭典となっております。

見てみよう!
寄ってみよう!

## ポロト湖

別名「ポロトコタン」(ポロ＝大きい・ト＝湖・コタン＝村)とも呼ばれ、多くの見学者が訪れています。日本最大のアイヌ民族博物館を有し、アイヌ民族の文化を紹介する施設として知られています。

◇◇◇◇◇

## 白老八幡神社

※住／白老郡白老町本町1丁目
　1番11号
※T／0144-82-2027
※F／0144-82-5771
※参拝時間／9:00～17:00
※御朱印料／お気持ち
　(300円程度)
※アクセス／JR白老駅から
　徒歩10分

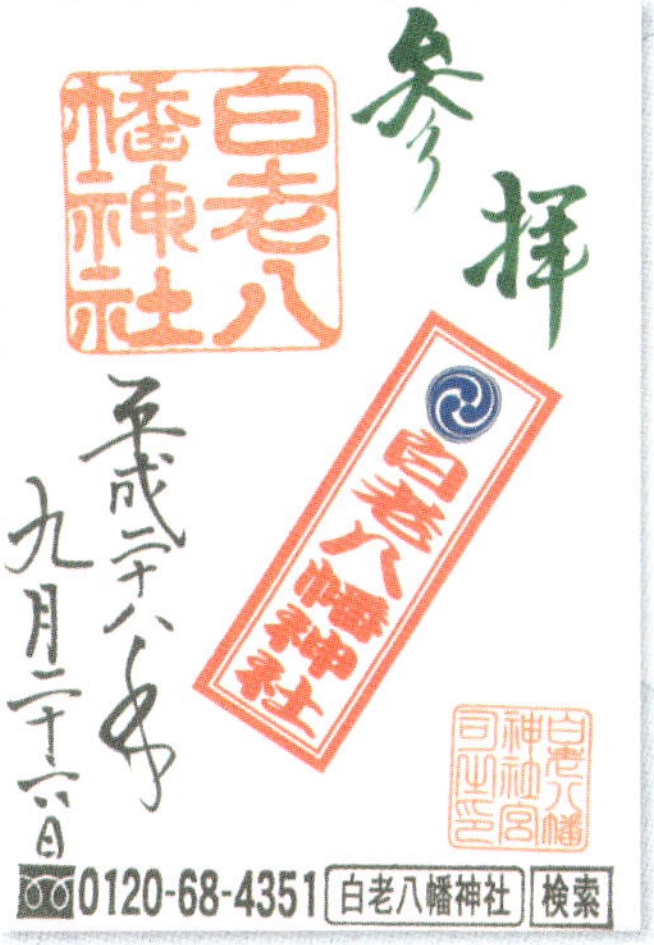


## 御朱印

一度もらうと印象に残る
オリジナル御朱印

風格と歴史を感じる手水舎

境内にある水天宮

Pick Up!

◀子授け守
1,000円

元気な赤ちゃんが
授かりますように

▶勝ち守り
1,000円

▲ランドセル守り　各1,000円

ランドセルの形が可愛い人気のお守りです

登別市

# 刈田《かった》神社《じんじゃ》

## 創始が平安期ともいわれる歴史ある神社

平安期に渡来した眼病の和人がアイヌ人に教わり温泉で目を洗ったところ快癒したことに感謝し、妙見菩薩の祠を建てました。1786（天明6）年、幌別郡（現登別市）が松前藩の給地に指定されたのを契機に祠を再建し、妙見稲荷社と称して胆振の鎮守社としました。1870（明治3）年、白石藩城主片倉小十郎邦憲が開拓の為に幌別郡に移住し、陸奥国刈田郡鎮守社の神と合祀して刈田神社と改称しました。

五穀豊穣・商売繁盛、海上安全・火難除け、国土安穏・出世・試験合格・交通安全の御利益がある3柱を祀っており地元はもとより遠方からも参拝に訪れる人々が多い愛される神社です。

見てみよう!
寄ってみよう!

## かに御殿

巨大熊が目印、北海道を代表する味覚毛がにをはじめとした各種かに、冷凍はもとより水槽には生きた活かにもそろっています。水槽には、他にもホタテ、ホッキ、ウニ、赤貝、カキ、ツブ等の海産物も取り揃えています

◇◇◇◇◇

## 刈田神社

❇住／登別市中央町6-24-1
❇T／0143-85-2460
❇F／0143-88-3618
❇参拝時間／9:00～17:00
❇御朱印料／お気持ち(300円程度)
❇アクセス／JR室蘭本線幌別駅より徒歩約15分

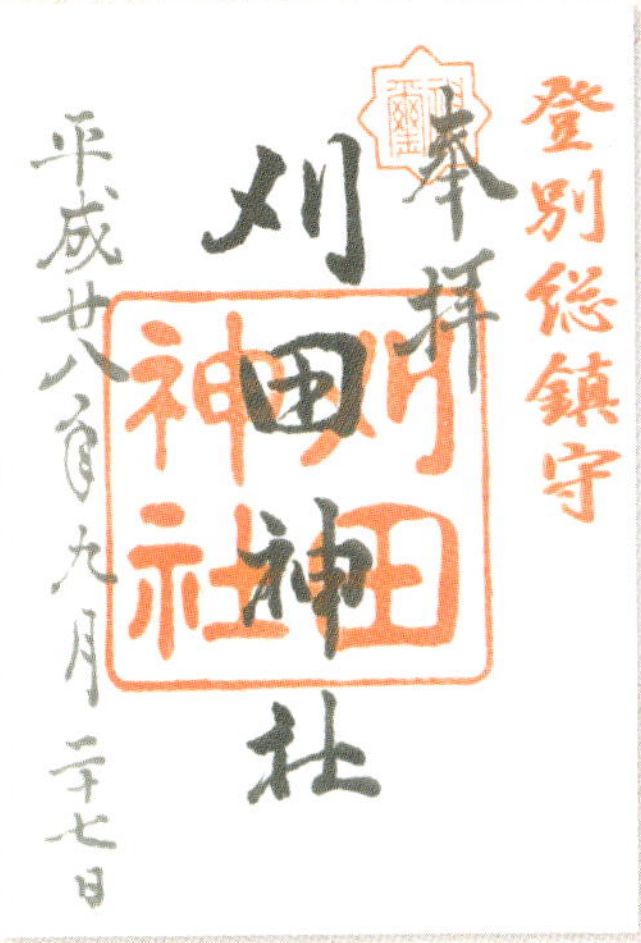


## 御朱印

大きく登別総鎮守と押印された歴史を感じさせる御朱印

歴史ある神輿が社務所横に飾られている

開拓記念碑の横にはわかりやすい由来もある

Pick Up!

▲夢叶守り　500円

▶幸せ、愛情、
腕輪守り
3,000円

室蘭市

# 輪《わ》西《にし》神《じん》社《じゃ》

## ✻室蘭の鉄の歴史を感じる神社

室蘭市はその昔、製鉄所関連が多く、その恩恵を受け街が栄えたことから『鉄の街』と呼ばれていました。昭和４年（１９２９年）に、御傘山神社の屯所として創建されたことに始まり、輪西製鉄所並びに従業員の守護神として崇敬されたとされています。

　主祭神は『大国主神（おおくにぬしのかみ）』で、その他多くの配神を祀っていますが、神様は工場の守護神社だけあって工業系の神様が多いのが特徴です。

現在は室蘭製鉄所並びに新日鉄協会の守護神として日々守ってくれています。

毎年開かれる「輪西神社例大祭」は子供達から地元企業までが参加し、大いなる盛り上がりを見せています。

見てみよう!
寄ってみよう!

## 地球岬

高さ100メートル前後の断崖絶壁が約14キロメートル続く太平洋側は、地球岬に代表される風光明媚な景勝地が連なります。

◇◇◇◇◇

## 輪西神社

❇住／室蘭市みゆき町2丁目17-10
❇T／0143-44-2136
❇F／なし
❇参拝時間／9:00～17:00
❇御朱印料／お気持ち
(300円程度)
❇アクセス／JR輪西駅から徒歩約12分・JR東室蘭駅から徒歩約25分

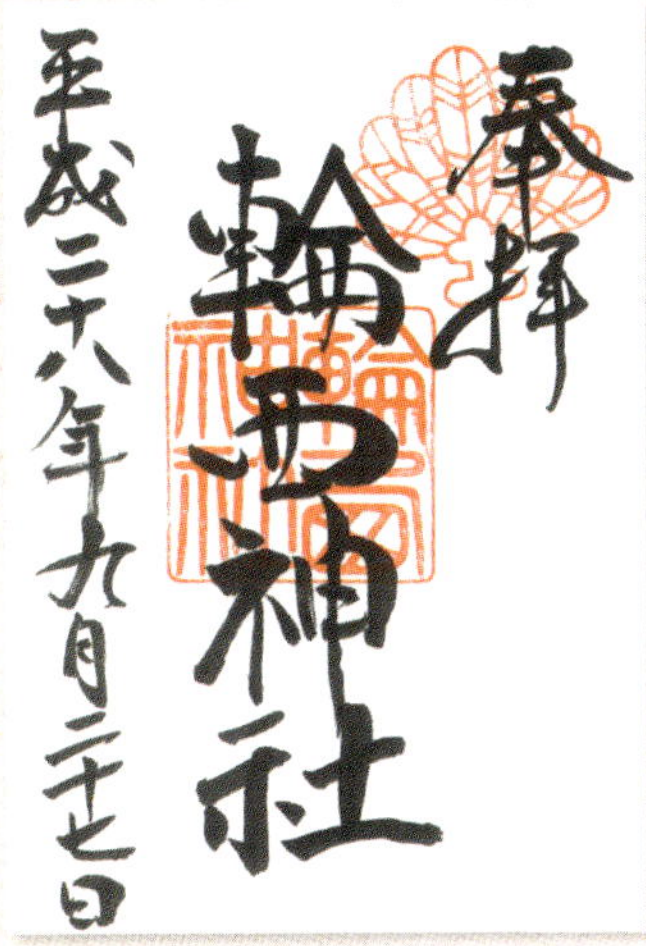


## 御朱印

鮮やかにととのった筆文字と、バランスのとれた御朱印が特徴

緑に囲まれた鳥居、ここが入り口となる

鳥居前の由緒書きの看板

## Pick Up!

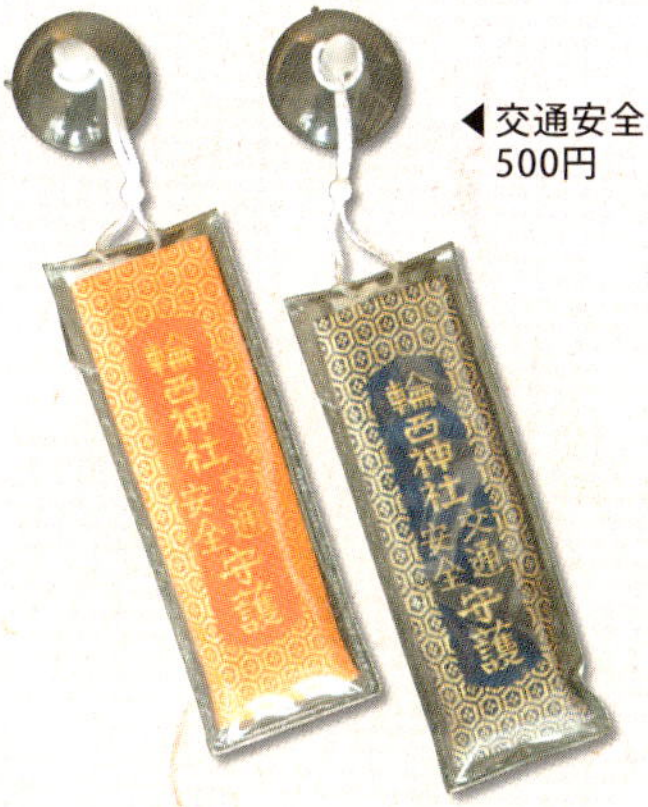


◀交通安全お守り
500円

▶肌守り　各500円

数種類のカラーから選べる

室蘭市

# 中《なか》嶋《しま》神《じん》社《じゃ》

## ＊地域に密着した愛される神社

中嶋神社の前身は、室蘭屯田兵中隊の屯田兵（開拓と兵務を兼ねた人達）が入植した輪西村（現在の輪西町から本輪西町にかけての広い一帯をいう）鎮守のため、１８９０（明治23）年、兵村のほぼ中心にあたる旧大和小学校西側の小山（輪西町と東町の間、新日鐵住金球場の裏山）の上に建てた兵村社（やしろ）「圓山（まるやま）神社」です。１８９７（明治30）年、中隊本部が第七師団司令部（旭川）に吸収移管されたのを機会に、中隊本部があった中島台（現在地）に移転して中嶋神社と改称しました。

見てみよう!
寄ってみよう!

## 社務所内 屯田兵の遺品展示

中嶋神社社務所内でガラスケースに納められた屯田兵の遺品の数々。制服からレコード蓄音器まで歴史を感じさせるものを展示しております

◇◇◇◇◇

## 中嶋神社

- ❇住／室蘭市宮の森町1丁目1番64号
- ❇T／0143-45-5800
- ❇F／0143-45-1244
- ❇参拝時間／9:00～17:00
- ❇御朱印料／お気持ち（300円程度）
- ❇アクセス／東室蘭駅西口より徒歩10分、登別室蘭ICより車で20分

## 御朱印

押印と筆文字のバランスがとれた静寂な中に力強さを感じさせる御朱印

境内社の厳島神社

境内にある稲荷宮

## Pick Up!

❷
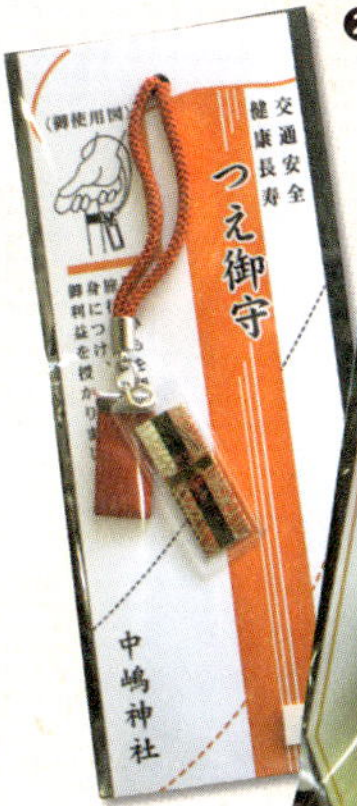


❶

❶恋守　500円

あなたの恋が成就しますように

❷つえ御守り　1,000円

▼縁結び絵馬　800円

室蘭市

# 本《もと》輪《わ》西《にし》八幡《はちまん》神社《じんじゃ》

✽つつじに囲まれた庭園を思わせる境内

1869（明治2）年仙台藩角田領主石川邦光が朝廷の命をうけ、家臣の泉忠広・添田龍吉等が渡道、現在の本輪西町を中心に開拓の鍬を入れ町造りを開始。当時戸数17戸余り。明治7年11月8日宮城県伊具郡角田市に鎮座する磐都嶺八幡宮の御分霊を添田龍吉等が奉持して現在の社地に御遷座申し上げ、当地方の守護神産土神として開拓精神の支柱となって尊崇されてきました。1973（昭和48）年、御鎮座百年を記念して御社殿、社務所を改築。平成5年御鎮座120年記念として神輿庫新設、その後、神門、授与所を新築し現在に至ります。神社のまわりには約1500本の「つつじ」がまるで花園のように咲き、すべて「献木」によってこの光景がつくられています。鳥居から173ある階段をゆっくりと歩きながらのお花の観賞も魅力のひとつです。

見てみよう!
寄ってみよう!

## 白鳥湾展望台

室蘭の対岸から白鳥大橋を見渡す展望ポイントが国道37号線沿いにあります。白鳥大橋を北東から見渡す事のできる場所として有名で、パーキングでもありトイレだけでなくレストハウスもあるので便利です

◇◇◇◇◇

## 本輪西八幡神社

❇住／室蘭市本輪西町3丁目
28番8号
❇T／0143-55-7217
❇F／0143-55-1670
❇参拝時間／9:00～17:00
❇御朱印料／お気持ち
(300円程度)
❇アクセス／JR室蘭本線「本輪西」駅より徒歩約14分

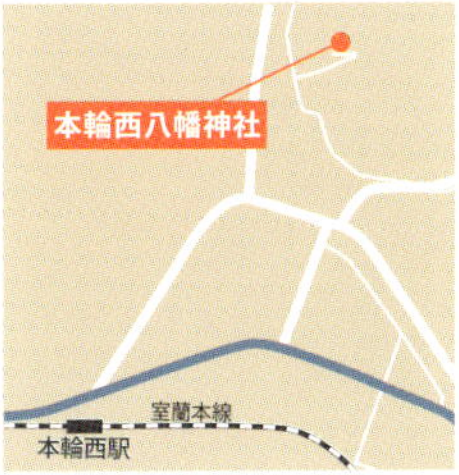


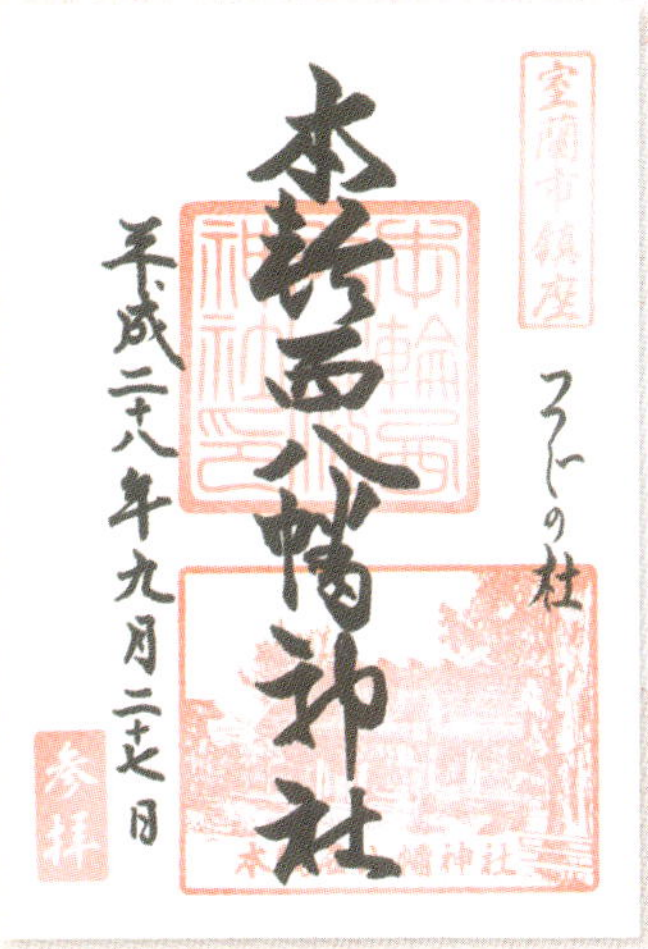


## 御朱印

神社をとり巻く光景を表わすように「つつじの杜」と書かれた御朱印

境内から続くつつじは散歩コースにも最適

春、秋の紅葉シーズンには見事に色をつけるつつじ

Pick Up!

◀こどもお守り
500円

子供の安全を願う

▶福招き猫
まもり
500円

▲健康御守り
500円

名前が金色に輝く

旭川市

# 鷹《たか》栖《す》神《じん》社《じゃ》

## ＊高台にある鎮守の森に佇む神社

毎年8月20日の鷹栖神社例大祭には500キロを超える神輿が宮出しされ、120段超えの階段を勇壮な半纏姿の担ぎ手たちによって練り歩きされます。

鷹栖神社は旭川市の西側に位置する鷹栖町の入口にあり、高台からは市内を一望できます。

鷹栖神社は1895(明治28)年、鷹栖村戸長役場が開庁したとき、庁舎内に神明を招じて鎮守し、これを創祀とし、翌年祠を建て遷座奉祀したと記録されています。

明治34年、現在地に神社敷地の付与を受けて社号公称申請をし、翌年に社殿を建立。大正2年に創立許可を受け、札幌神社(現北海道神宮)より御分霊を奉斎。昭和17年、本道農村で初めて県社に列格となりました。祭神は大國魂神、大乙貴神、少彦名神の三神です。

見てみよう!
寄ってみよう!

## 春光台公園

もとは鷹栖公園という名称だった市の中心部から北約5キロに位置する公園。キャンプ場やパークゴルフ場などもあり、広く市民に利用されています。

◇◇◇◇◇

## 鷹栖神社

※住／旭川市末広8条3丁目
※T／0166-51-2902
※F／0166-51-2906
※参拝時間／9時～17時
※御朱印料／300円
※アクセス／道北バス春光台循環線、福祉村線、鷹栖10線10号線で実業高校神社前下車徒歩約3分、札幌から車で約120分

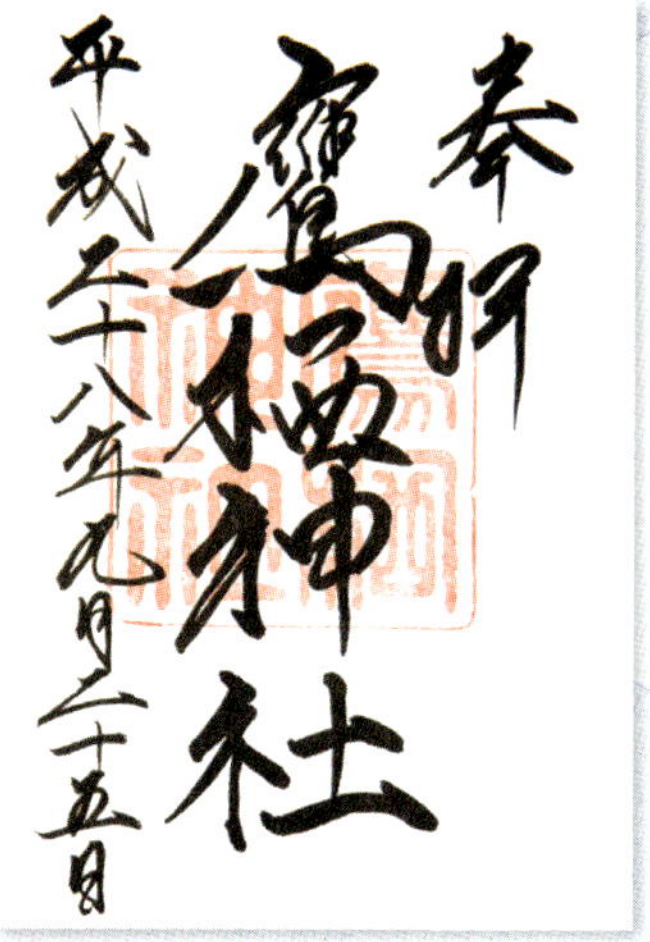


## 御朱印

素朴な中にも親しみと強さのある鷹栖神社らしさを感じさせる御朱印。

秋になると紅葉に囲まれる鳥居と本殿

旭川のパワースポットの一つに数えられることもある

Pick Up!

▶恋愛守
500円

▶縁結御守　500円

心身の美しさが引き出され、幸運が訪れる美し守

旭川市

# 上《かみ》川《かわ》神《じん》社《じゃ》

## 明治天皇が思いをはせた地に鎮座

旭川市内を望む丘、神楽岡に上川神社が鎮座しています。神社のある神楽岡公園は、北海道開拓以前の原初の森の姿を保ち、約44ヘクタールという豊かな森林が市街中心部に残されています。

上川神社が建っているのは、かつて明治天皇が上川離宮造営予定地と定められた場所。その神聖な場所にふさわしい由緒ある神社が上川神社です。

１８９３（明治26）年、上川地方開拓守護・旭川の鎮守として当時義経台と呼ばれていた現在のＪＲ旭川駅付近の高台に天照皇大御神をお祀りされたと伝えられています。現在地に移されたのは１９２４（大正13）年、４年の年月をかけた北海道産エゾマツ材使用の本宮と常磐公園に頓宮の社殿が造営されました。

社務所では、さまざまなお札、お守り、おみくじを扱っており、祈願はもちろん、結婚式の相談、申し込みなどで足を運ぶ人も少なくないようです。

## 見てみよう! 寄ってみよう!

### 神楽岡碑

1889(明治22)年上川離宮造営予定地と定められた地であることを後世に伝えるため、題額(宮内大臣 一木喜徳郎)、撰文(北海道長官 池田秀雄)、碑文(上川神社社司 柴田直胤)が1933(昭和8)年に建立されました。

### 上川神社

❇住／旭川市神楽岡公園
❇T／0166-65-3151
❇F／0166-65-3152
❇参拝時間／9時～17時
❇御朱印料／300円
❇アクセス／JR旭川駅より約4キロ

### 御朱印

背筋を真っすぐにし、姿勢を正さなくてはいけなくなるような、神聖さを感じさせる御朱印。

社務所窓口

上川離宮宣達書碑

## Pick Up!

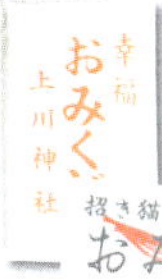


**幸福おみくじ　200円**

10種類のお守りが納められた幸福おみくじ

**招き猫みくじ　300円**

28種類(7色)の小さな招き猫が納められた招き猫みくじ

**❶桜鈴癒し御守 1,000円**

鈴の音が幸福を招く

**❷願いかなう御守 1,000円**

常に持って歩くと願いがかなうといわれる

**フクロウのお守り　各700円**

鈴の音がカワイイ小さなフクロウのお守り。金色の男守には義、銀色の女守には信の文字が入っている。

旭川市

# 北《ほっ》海《かい》道《どう》護《ご》國《こく》神《じん》社《じゃ》

## ✻社殿の壮麗さが北海道、東北一といわれる神社

北海道護國神社は１９１０（明治43）年、現在地に社殿が建立。北海道招魂社を経て１９３９（昭和14）年に内務省令により指定護国神社とされ、現在の名称に変わりました。歴史を辿ると１８９６（明治29）年に陸軍第７師団が、北の守りを使命として屯田兵を母体に旭川で編成され、その後も旭川で北海道の軍の要としてきました。この陸軍第７師団長を祭主として１９０２（明治35）年、招魂祭が行われたのが神社の創建とされています。

北海道護國神社は北海道と樺太関係の戦没者などの国事殉難者を英霊として祀り、戊辰戦争から太平洋戦争に至る英霊が祀られている神社でもあります。境内の広さは約２万坪にもなり、戦前各市町村より献ぜられた樹木が立ちそびえ、壮麗な社殿が構えています。６月上旬の護国神社祭には市外からも多くの方が訪れます。

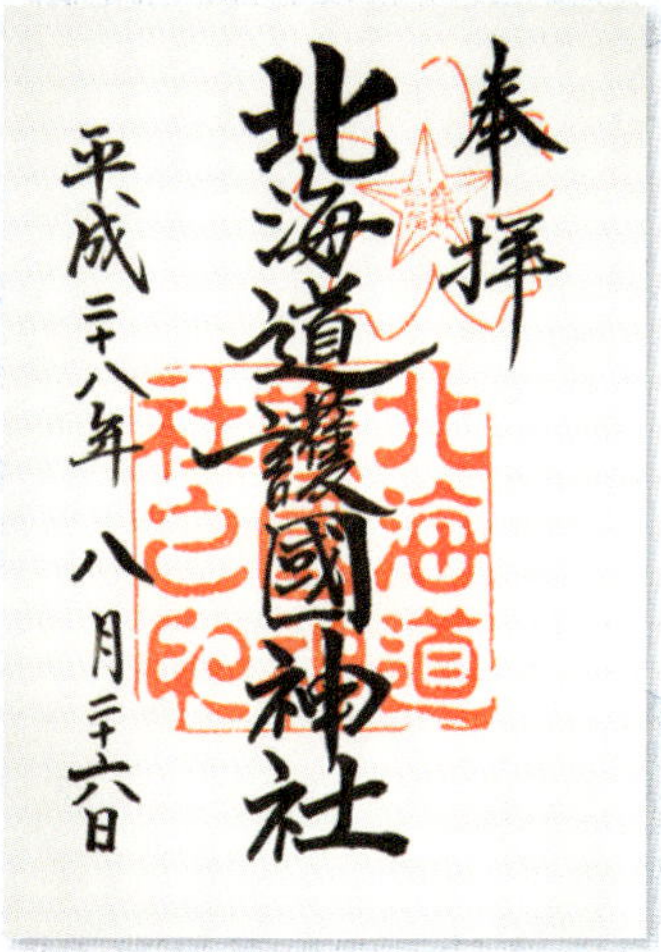


## 御朱印

参拝記念印と社号印が押され、参拝記念印は桜に星があしらわれているデザイン。

見てみよう!
寄ってみよう!

## オリジナル御朱印帳

北海道護國神社の社殿が表紙にデザインされた、紺色を基調にした高級感のあるオリジナル御朱印帳（1500円）。購入申し込みは社務所へ。

さまざまな行事に使用される平成館

安全災害防除の守護神、北鎮安全神社

## 北海道護國神社

- ❊住／旭川市花咲町1-2282-2
- ❊T／0166-51-9191
- ❊F／0166-51-9192
- ❊参拝時間／
  9:00〜17:00（冬期間16:30）
  （社務所受付）
- ❊御朱印料／300円
- ❊アクセス／JR旭川駅より車で約10分、札幌から車で約2時間

Pick Up!

御守り

❶錦肌守 700円 ❷勝守（全4色） 各700円 ❸幸守 各700円

旭川市

# 旭川《あさひかわ》神社《じんじゃ》

## ✻日の神と美の神と大雪山のパワーが恋愛運を招くお社

旭川地方は、１８９２（明治25）年、屯田兵の入植によって本格的な開拓がはじまりました。その屯田兵が中心となって１８９３（明治26）年に天照大神、木花咲耶姫命の二柱を御祭神として本殿を造営し、村名をとり旭川神社と称しました。

この地は風水的にみると大雪山・旭岳を源とする気のエネルギーのルート上にあり、懐妊安産、家内安全、心身堅固、五穀豊穣、商売繁盛にご利益があると言われています。特に御祭神の一柱に、木花咲耶姫命（このはなさくやひめ）という美しい女神様がお奉りされており、美の神のパワーによる懐妊安産については特にご利益があるとされています。

まさに女性の味方！女性の願いを叶えてくれる神社です。

見てみよう!
寄ってみよう!

## 旭山動物園

日本の動物園のなかで、その最北に位置する。園内の一貫したテーマは、『伝えるのは、命』。動物の自然な生態が見られる行動展示を実施して、一躍有名になりました。

[旭山動物園] 旭川市東旭川町倉沼 電話番号 0166-36-1104

◇◇◇◇◇

## 旭川神社

❇住／旭川市東旭川南1条6丁目8番14号
❇T／0166-36-1818
❇F／0166-36-5272
❇参拝時間／8:00～16:00
(昇殿祈願の受付時間)
❇御朱印料／300円
❇アクセス／JR:JR石北本線東旭川駅より徒歩3分

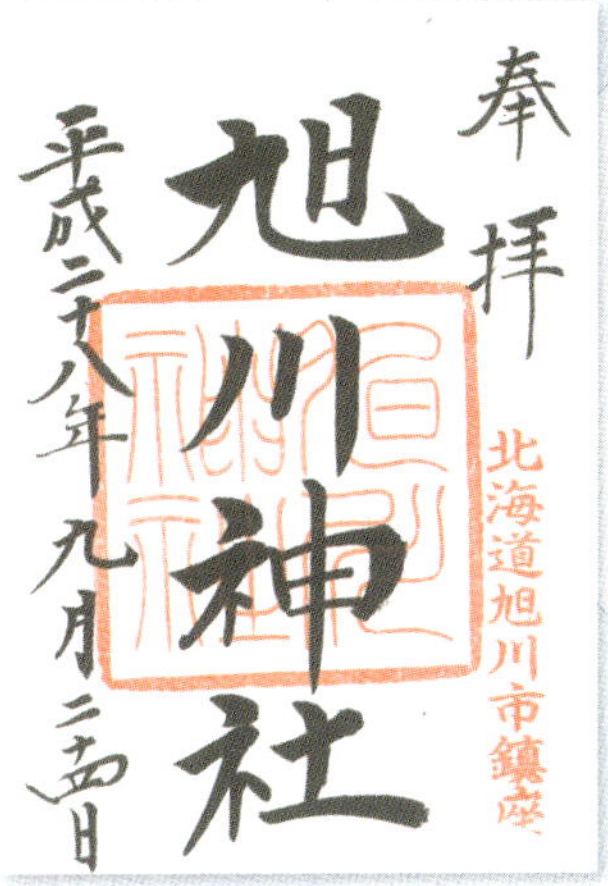


## 御朱印

上川百万石の稲穂が
織り込まれた御朱印帳

顕勲神社（境内社）

八幡愛宕神社（境内社）

Pick Up!

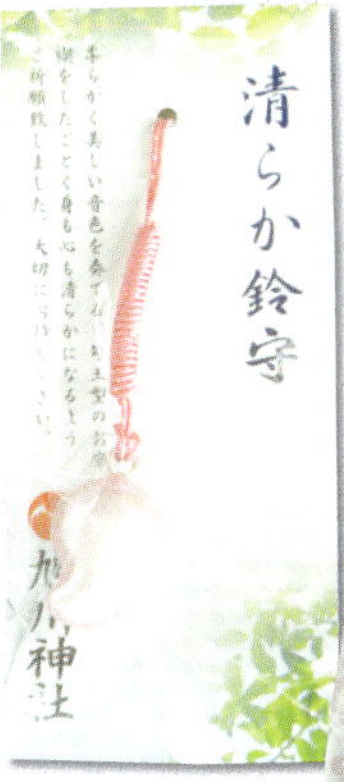


◀鈴の音お守り
500円

▶女性の美守
(うつくしまもり)
800円

▶子宝お守り
800円

旭川市

# 永《なが》山《やま》神《じん》社《じゃ》

## ✻上川最古のパワースポット神社。アニメでも人気に

1891(明治24)年、永山屯田兵の入植者のうち、岡山県出身の兵たちが自身の出身地の氏神様である天照大神、大國主神の御分霊を奉斎し、現在の永山駅の裏に小さな祠を建てて心のよりどころとして崇拝したのが上川管内最古の神社の始まりです。

1920(大正9)年には、北海道屯田の育ての親であり、当地の地名の基となった永山武四郎を永山神社の祭神として明治政府に対して出願し許可され、翌年、同地に大正社殿が造営されました。最近では、人気アニメ「桜子さんの足下には死体が埋まっている」の聖地として、ファンの巡礼ツアーが神社を埋めています。

見てみよう!
寄ってみよう!

## 境内の池

境内の中にある池には多数のカモと大きな鯉が生息している。とても落ち着く雰囲気を味わいに散歩に訪れる地元の方々が多い。

◇◇◇◇◇

## 永山神社

❇住／旭川市永山4条18丁目
2番13号
❇T／0166-48-1638
❇F／ 0166-47-8295
❇参拝時間／9:00～17:00
❇御朱印料／お気持ち(300円程度)
❇アクセス／JR北海道宗谷本線
「永山駅」より徒歩約8分
道央自動車道 旭川北インターチェンジから車で約10分

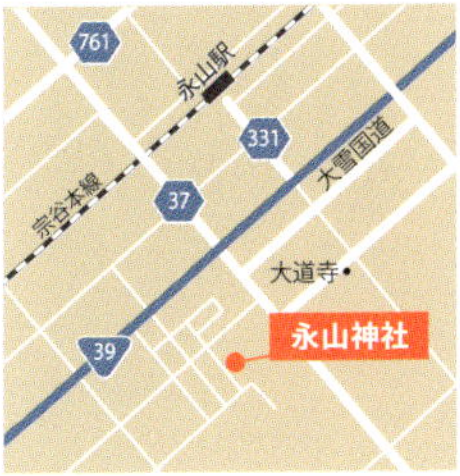

## 御朱印

旭山動物園への帰りに
御朱印をいただきに来る
参拝者が後を絶たない

周りが木で囲まれた手水舎

北海道屯田の育ての親
「永山 武四郎」像

Pick Up!

▲絵馬　600円

神社の歴史を感じる

▲勝守り　700円

◀大丈夫お守り　700円

美瑛町

# 美《び》瑛《えい》神《じん》社《じゃ》

## 縁結びや恋愛成就の北海道三大パワースポット

1897（明治30）年、村民が入植前の郷里熊野坐神社より「家都御子命」の御分霊を受け「小祠」を建立し仮の社殿としてお祀りしたのが始まりとされます。1907（明治40）年社殿を造営遷座、村名をとり美瑛神社と称することとなりました。現在の社殿は1995（平成7）年に移転造営されたものです。

近年、某有名スピリチュアルアドバイザーから強力なパワースポットと称賛を受け、北海道三大パワースポットの一つとも言われるようになりました。

また、社殿【美瑛神社】の名前の上にあるハートマークを始めとした境内のあちこちにある『隠れハート』探しが人気の一つにもなっています。

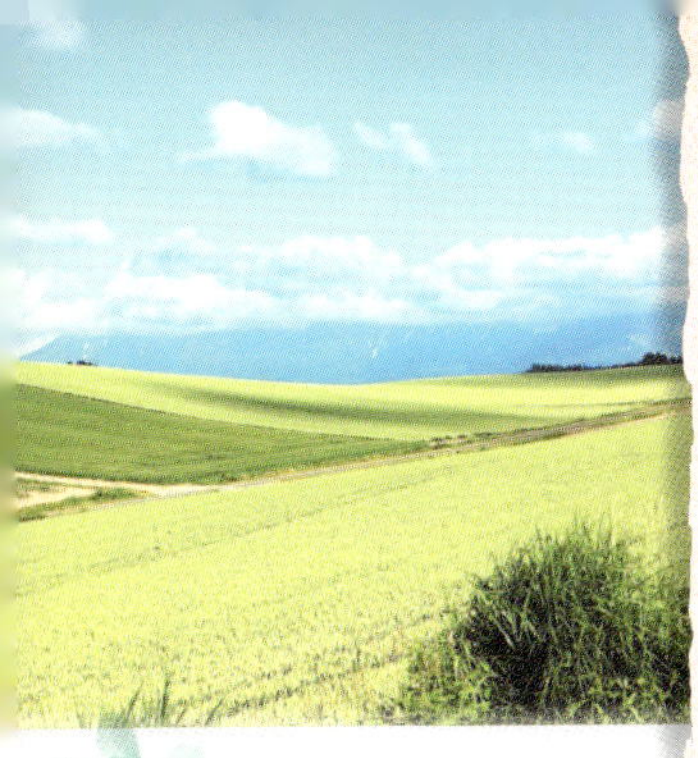

見てみよう!
寄ってみよう!

## パッチワークの路

美瑛の北側、十勝岳をバックに、色とりどりの畑が広がるなだらかな丘の中を、農道が走っています。「パッチワークの路」と呼ばれる道路です。毎年、育てる作物でカラフルな畑が点在しています。それが、まるでパッチワークのように見えることから、名付けられました。

◇◇◇◇◇

## 美瑛神社

※住／上川郡美瑛町東町4丁目
701番地23
※T／0166-92-1891
※F／0166-92-1991
※参拝時間／9:00～17:00
※御朱印料／お気持ち
(300円 程度)
※アクセス／JR美瑛駅より道北
バス白金温泉行き丸山町下車10分
JR美瑛駅より車で5分

## 御朱印

森羅万象が成り立っている
とされる言霊が宿っている
かのような美しい文字

広い芝のなかの手水舎

皇太子殿下行啓記念碑

Pick Up!

▲貝の形のお守り　800円

▼風景をあしらった
お守り

小　800円

大　1,000円

東川町

# 東《ひがし》川《かわ》神《じん》社《じゃ》

## ＊大雪山・旭岳に抱かれて、身も心も癒される御社

１９８５（明治28）年に入植が始まり、それぞれの出身地ごとに祠を奉斎していたが、１９００（明治33）年村内有志が現在地に社を建立したことに始まります。１９１１（明治44）年。新たに本殿及び拝殿（現在は境内社の金刀比羅社）を建立し１９１３（大正２）年境内の公園化が行われ千本桜を植樹、桜の名所としても有名になり、１９３６（昭和12）年更に本殿及び拝殿を建立して現在に至っております。

境内には樹齢３００〜４００年の柏の大木が数本残っており市街地にありながら森となっております。元旦には社頭に氷彫刻の干支灯篭が設置され初詣を迎えています。

見てみよう!
寄ってみよう!

## 旭岳
## ロープウェイ

大雪山国立公園（広さ23万ha）は北海道のほぼ中央に位置し、標高2,291mの北海道最高峰旭岳を筆頭に、2,000m級の山々がおよそ50kmにもわたって連なる山岳国立公園です

◇◇◇◇◇

## 東川神社

✻住／上川郡東川町西町1丁目6-1
✻T／0166-82-2513
✻F／0166-82-2536
✻参拝時間／終日可能
✻御朱印料／300円
✻アクセス／電気軌道バス東川行き道草館前約5分

## 御朱印

道内有数のパワースポット
といわれるように、
力強さが伝わってくる
御朱印

境内横にある社務所

《社紋》

【山櫻】
蝦夷山桜は花と共に葉が出る

Pick Up!

▲健康お守り　各500円

▶身代お守り　500円
人形の形をしたかわいいお守り

小樽市

# 龍《りゅう》宮《ぐう》神《じん》社《じゃ》

## ✻開運祈願に足を運ぶ旅行客も見られる神社

JR小樽駅から徒歩3分程度で参拝できるということもあり、小樽市民だけではなく、足を運ぶ旅行客も少なくありません。特に政治家の麻生太郎元総理が龍宮神社を参拝後に内閣総理大臣に襲名したということがあり、開運祈願、出世祈願のご利益があると全国的に有名になりました。

1869（明治2）年、榎本武揚が小祠を設けて遠祖である桓武天皇を奉祀。その後北海道移民のために「北海鎮護」の額を献納し改めて神社として創祀。その後江差町の教派神道龍宮教会分所（明治17年設置）が1886（明治19）年に現社地に移転して榎本武揚創祀の小祠を合祀し、龍宮殿と称したそうです。

先祖が榎本武揚から依頼を受けて宮司になったという5代目宮司の本間公祐さん。平日は小児科医として勤務しているため、御朱印希望の場合は事前に連絡した方が確実。

見てみよう!
寄ってみよう!

## 麺処
## 龍仁（たつじん）

龍宮神社境内にある古い蔵を利用したラーメン店。極上味噌らーめんをはじめ、あんかけ焼そばも人気。（水曜定休）

◇◇◇◇◇

## 龍宮神社

❇住／小樽市稲穂3丁目22-11
❇T／0134-22-4268
❇F／0134-31-5888
❇参拝時間／9:00～17:00
❇御朱印料／300円
❇アクセス／JR小樽駅より徒歩約3分

## 御朱印

まるで昇り龍のような迫力と美しさを持つ神社名の筆は、運気の上昇を感じさせます。

釣り竿で鯛を釣る「一年安泰おみくじ」300円と恋愛に関する「恋みくじ」100円

平成20年、麻生太郎参拝時の記念植樹

## Pick Up!

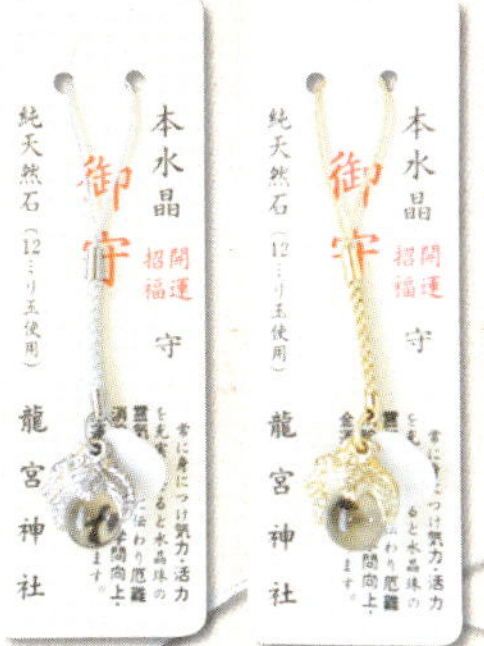


◀本水晶開運招福守　1,000円

龍が水晶玉を持っていて縁起が良い

◀昇龍吉守
1,000円

運気を上昇させてくれる

◀身代り守
500円

一つ一つ全て異なる衣装や表情。持つ人の身を守ってくれる

小樽市

# 小《お》樽《たる》稲《いな》荷《り》神《じん》社《じゃ》

## ✽小樽・手宮公園側にひっそりと佇む神社

JR小樽駅からバスに乗り、手宮バスターミナルから小樽では珍しくない急な長い坂を歩きます。15分程度歩き、手宮公園を過ぎたところに小樽稲荷神社はあります。

１９６０（元禄3）年に創祀された小樽稲荷神社は、北海道で最も古くからある神社の一つ。１８０３（享和3）年に神殿を改築。明治8年には村社に列格。明治38年には周辺に民家が増えたため移転。明治42年の大火により現在地に移転し、海と陸地の安全と大漁、商売の繁盛と手宮のさらなる発展を見守るように、小樽・手宮地区の人々に愛される神社として、地域の人たちには欠かすことのできない存在となっています。

境内は自然林に囲まれ、栗などの木々は小樽市の指定保全樹木第1号に指定されています。毎年6月の例大祭は地元の人たちの熱意で盛り上がっています。

見てみよう!
寄ってみよう!

## 海上安全・大漁満足の御札

海の街の小樽らしく、主に個人所有の小さな船などに使われる御札（700円）

◇◇◇◇◇

## 小樽稲荷神社

※住／小樽市末広町38番1号
※T／0134-22-2591
※F／0134-22-2594
※参拝時間／9時～17時
※御朱印料／お気持ちで
※アクセス／
JR小樽駅前より中央バス（高島線、手宮線　手宮バスターミナル下車、徒歩約15分）

## 御朱印

静けさの中に茂る樹木のパワーと、300年以上の歴史を持つ神社の風格。それらを物語るような御朱印です。

樹木に囲まれながら存在感を示すような鳥居

見つめるように鎮座するお稲荷さん

Pick Up!

▲安産守、安産・子宝御守 各800円

安産を願う女性の参拝客へ

▲肌守　小 各600円、大 各800円

正月や祭事の時に用意される御守

小樽市

# 住《すみ》吉《よし》神《じん》社《じゃ》

## ✻ 多くの露店が並ぶ例大祭は地元民の夏の思い出

小樽市民であれば、誰もが夏の思い出の一つに数えるのが住吉神社例大祭。

「五穀豊穣・産業繁栄・市内平安」を祈る例大祭は、7月14日～16日の3日間、全市的な盛り上がりの中で行われます。明治、大正時代には札幌、函館とともに北海道三大例大祭の一つに数えられていました。多数の露店が立ち並ぶ15日夜の「百貫神輿御幸渡御」や明治21年から伝わる「大々神楽奉納」など、かつて北のウォール街と呼ばれていた時代の勢いを感じさせます。

1864（元治元）年、当時の箱館八幡宮神主、菊地重賢より「ヲタルナイ」「タカシマ」の総鎮守として住吉大神を勧請することを箱館奉行所に出願。明治元年にご神体が箱館から届き、明治25年にはそれまでの墨江神社から住吉神社へ改称。小樽市民に最も親しまれる神社となりました。

見てみよう!
寄ってみよう!

## そば順 小樽店

住吉神社境内にある蕎麦店。たこ天そばで知られる伊達が本店の店。参拝の後の立ち寄りにおすすめ。水曜定休

◇◇◇◇◇

## 住吉神社

- ✻住／小樽市住ノ江2丁目5番1号
- ✻T／0134-23-0785
- ✻F／0134-23-8002
- ✻参拝時間／
  9時～16時半（冬期間16時）
- ✻御朱印料／300円
- ✻アクセス／
  JR南小樽駅より徒歩約5分、
  札幌より車で約60分

## 御朱印

小樽総鎮守という右肩に書かれた筆字とともに、住吉神社という神社名までシンプルに書かれた御朱印。

調理社会の発展を願って建立された庖丁塚

一の鳥居

## Pick Up!

御守り

❶立身起道守 1,000円 ❷子供守 700円 ❸足腰健康御守 700円
❹八方除御守 1,000円

北広島市

# 札幌《さっぽろ》八幡《はちまん》宮《ぐう》

## 北海道初の菅原道真公を祀った神社

札幌八幡宮は、北海道で初めて学問・出世の神様、菅原道真公を祀った神社。特に合格祈願に訪れる受験生などが多く、正月は札幌、小樽、千歳など全道各地から3万人もの人が足を運ぶそうです。

札幌八幡宮は昭和52年に建立。初代宮司菊池重武は代々神職の家系で、初代菊池伊知女は箱館八幡宮に奉職。その後宮司となり、11代菊池出雲守重賢の代まで続き、明治維新後、札幌神社（現北海道神宮）2代目宮司となりました。その後、明治新政府の意向もあり、明治15年神社庁の神道を離れ、札幌市中央区に金刀比羅教会を創立。その後14代目の菊池重武（初代宮司）が北広島市に札幌八幡宮を建立。現在は2代目宮司として菊池重敏さんが奉職しています。八幡大神、天満大神、秋葉大権現、梅の宮大神、金刀比羅大神を御祭神五柱としています。

見てみよう!
寄ってみよう!

## 人生が変わる幸せを呼ぶ言葉

北広島エフエムで「菊池宮司のいい話」という番組を月2回放送。その番組での話をまとめた著書が人生をより良く生きる秘訣を伝えていると評判。社務所及びネットショッピングにて購入可。

◇◇◇◇◇

## 札幌八幡宮

❇住／北広島市輪厚中央5丁目3番16号
❇T／011-377-3288
❇F／011-377-4198
❇参拝時間／9時～17時
❇御朱印料／300円
❇アクセス／
中央バス輪厚(札幌八幡宮前)より徒歩約1分。札幌より車で約30分

## 御朱印

京都・北野天満宮からの御分霊、菅原道真公御神立像のことを御朱印に書き入れています。

多数の祈願・感謝絵馬が飾られる絵馬堂

江戸時代の高僧の数珠から霊力をもらえるといわれる観音堂

### Pick Up!

**強運シール 100円**

パワーアップできそう

**合格御守り　3色 各1,300円**

「北海道を元気に!」をテーマにした御守り。芸能人などの愛用者も多い

苫前町

# 苫《とま》前《まえ》神《じん》社《じゃ》

## 日本海の絶景を見下ろす神社

１７８６（天明６）年、奥蝦夷地苫前の支配人が、当地方開拓の際創建奉斎したもので、爾来当時の運上家役所に於て一切の費用を支弁し奉祀してきたとされています。１８１２（文化９）年社殿を再建、萬延元年郡区改正に依り苫前郡と称し、同時に庄内藩の領地となり、次いで明治３年水戸藩の領地となったが、常に藩費を以て一切の修復祭祀を営み、苫前郡の総鎮守として奉斎した。

別由緒ある神社であり、本郡中の一ノ宮と仰がれる。その後村社となったが、人家等年々増えるにより社殿狭く、現在の地に移転新築の議起り、落成奉遷し現在に至っています。郷土芸能としてはまなす太鼓が伝わり、神社前から広がる日本海の絶景に多くの方々が参拝に訪れます。

見てみよう!
寄ってみよう!

## 日本海の絶景

本神社の鳥居を出ると、そこは日本海と天気のいい日は天売、焼尻島がはっきりと見え、稚内までの海岸線を望むことができます

◇◇◇◇◇

## 苫前神社

❊住／苫前郡苫前町字苫前106番地
❊T／01646-4-2431
❊F／01646-4-2431
❊参拝時間／9:00～17:00
❊御朱印料／お気持ち（300円程度）
❊アクセス／国道232号線苫前役場より車で約5分

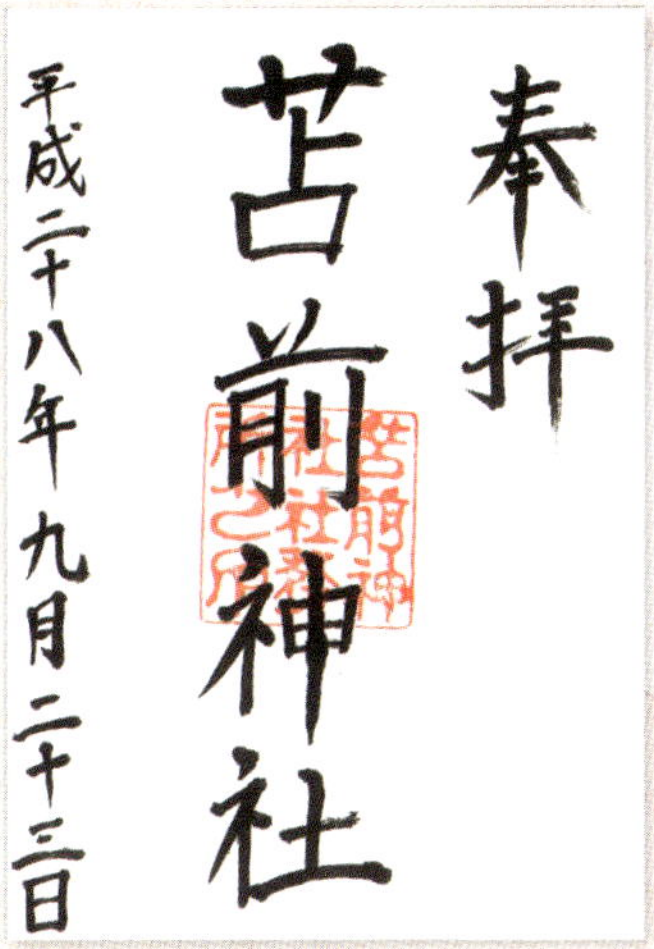


## 御朱印

シンプルな文字の御朱印

丘の上にそびえたつ鳥居

日清、日露戦争で祖国に殉じた方々の忠魂碑

Pick Up!

◀交通安全御守り
500円

▲肌守り　700円

恵庭市

✻ 札幌都心から車で30分で参拝できる出雲大社

# 出雲《いずも》大社《おおやしろ》三神《さんしん》教曾《きょうかい》

神代に創祀創建されたとの伝承を持つ日本最古の神社、出雲大社（島根県出雲市）。大神様の御神徳を一人でも多くの人に弘布すべく、昭和43年に創祀出雲大社国宝御本殿より講社分霊を奉斎。三神講社（夕張）として発足され、昭和45年に教曾に昇格し、教曾分霊が奉鎮される。更に昭和49年に道央圏の恵庭に御神殿が建てられ、創祀出雲大社国宝御本殿より大国主大神様の「御分霊」を拝受奉拝しています。

三神教曾の名前の由来は、設立当初「大国主大神、事代主大神、天照大御神」の御三神の神様をお祀りしたことから始まっています。縁結び、招福開運、商売繁盛、金運隆昌、病気快癒、交通安全、災難除けの神社として地元はもちろん、札幌をはじめ道外・道内各地から参拝されています。島根の出雲大社で祈祷された御神札やお守りを購入できるということもあり、小さな佇まいながら、熱心な参拝者が足を運んでいるようです。

見てみよう!
寄ってみよう!

## 「蘇」守

60年に1度の遷宮を記念して作られた期間限定のお守り(1,500円)御神供付。平成の大遷宮で美しく蘇った本殿を記念して「蘇」の文字をあしらった特別なお守りです。

◇◇◇◇◇

## 出雲大社三神教會

❇住／恵庭市北柏木町1丁目8-17
❇T／0123-33-1293
❇F／0123-33-1128
❇参拝時間／10時～17時
❇御朱印料／300円
❇アクセス／札幌都心より車で約30分

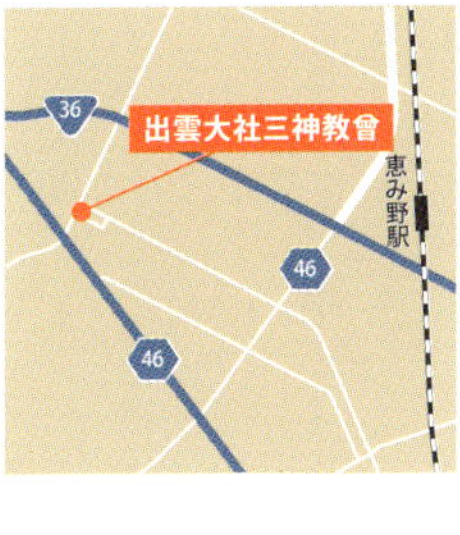


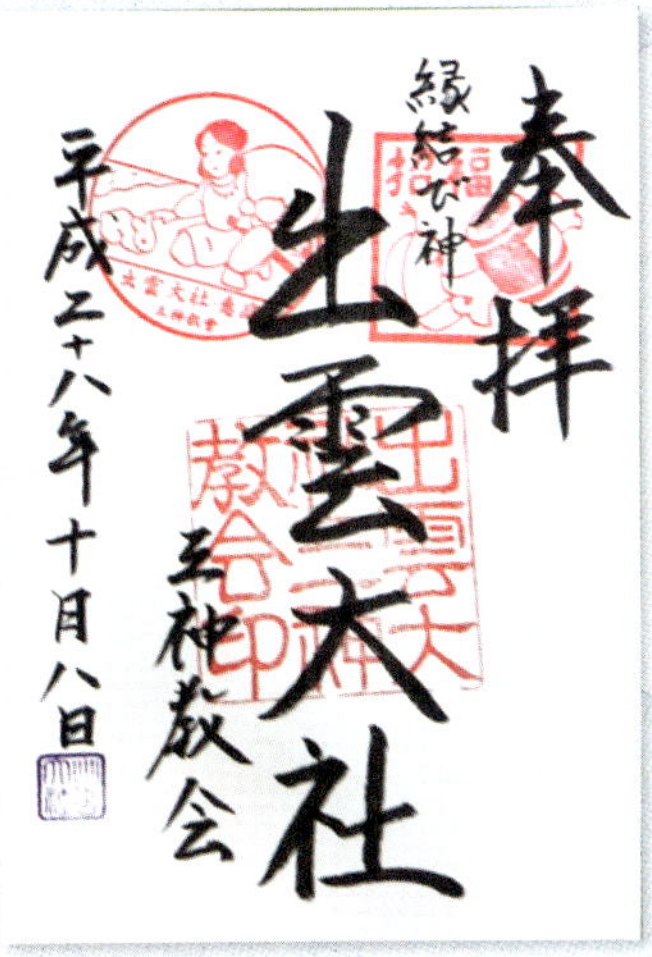


## 御朱印

招福の想いを込めた小槌のスタンプが、大黒様の御利益をもたらせてくれそうな御朱印です。

出雲大社(島根)で祈祷された御神札、御守を購入できる

崇高さを感じさせる本殿

## Pick Up!

◀縁結びの糸
1,000円

重ねた糸のまま持ってても使ってもより美しい糸

▲しあわせの鈴
800円(小)
1,500円(大)

出雲大社の刻印がされた、しあわせの鈴

▶縁結び守
1,000円

千歳市

# 千《ち》歳《とせ》神《じん》社《じゃ》

## ＊鎮守の杜に鎮まる社殿に祈りを込める

１６５８（万治元）年に弁天堂が建立されたというのが、松前藩史料福山秘府に記された千歳神社に関する最も古い記録だといわれています。１８０３（享和３）年に京都伏見より稲荷大名神を勧請し、鮭漁が盛んになるにしたがい１８０５（文化２）年に弁財天が勧請され、この時祀られた御厨子の裏には、当時の箱館奉行により「死骨（シコツ）」から「千歳」と改称された由来が記されています。

現在の千歳に地名は改められ、明治8年には主祭神を豊宇気比売命として郷社に列し、大正6年には千歳神社と改称。昭和51年に社殿を造営しました。境内はまさに静寂した杜で、さまざまな動植物、野鳥などが生息。エゾリス、エゾモモンガなど、まるでこの杜が地域の人々に季節の移り変わりを伝えようとしているかのようです。

見てみよう!
寄ってみよう!

## 御神水
## 幸井の水

支笏湖の伏流水が境内より湧き出、参拝者も手ですくって口にしたり、ペットボトルに入れたりしています。万古の命を湛える清めの水といわれています。

◇◇◇◇◇

## 千歳神社

※住／千歳市真町1番地
　※ナビの場合、千歳市本町3丁目13番地で検索
※T／0123-23-2542
※F／0123-24-7743
※参拝時間／9時～17時
※御朱印料／300円
※アクセス／JR千歳駅より車で約5分、札幌より車で約60分

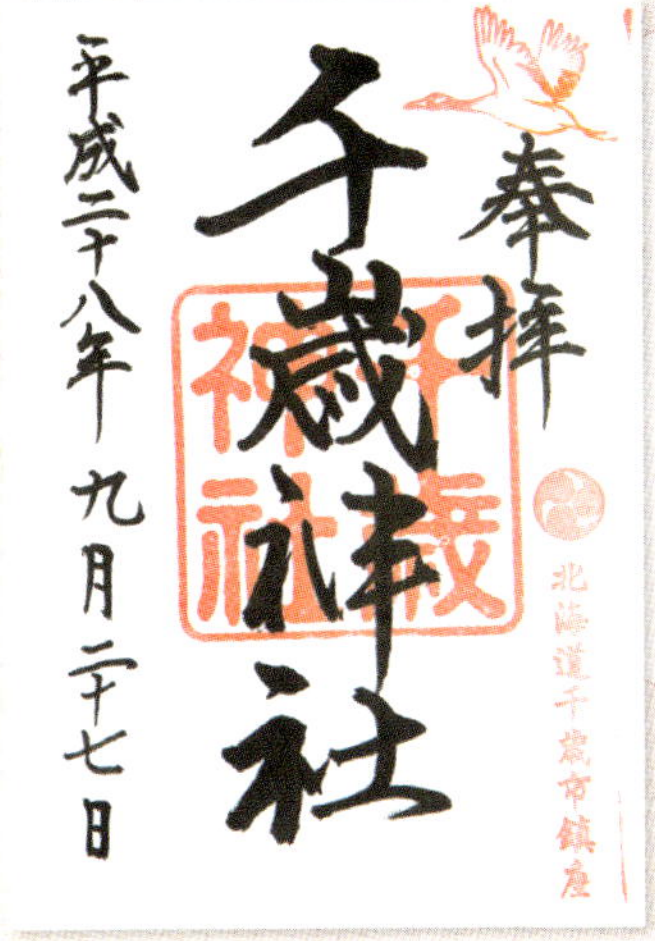


## 御朱印

「鶴は千年、亀は万年」といわれるほどの縁起の良い鶴が、印で押された御朱印。運の上昇を感じさせてくれます。

風格のある社務所

木製の表紙で重厚な御朱印帖

Pick Up!

◀肌守
各1,000円

▼絵馬　500円

◀スポーツ上達祈願守
1,000円

サッカー、ゴルフ、野球などの上達祈願に

増毛町

# 増毛《ましけ》厳島《いつくしま》神社《じんじゃ》

## ＊道内では珍しく彫刻が施された神社

松前藩は宝永年間（1704〜1711）に石狩、厚田、マシケの三つの漁区を設け、マシケは家臣下国兵太夫の采地としました。その後、渡島国松前の商人村山伝兵衛は下国に代わり諸般を管理支配するにあたり、運上屋の守護神として厳島神社を祀りました。1816（文化13）年には、村山と替わった伊達林右衛門が平素から深く尊崇していた安芸の厳島神社より市杵島姫命の御分霊を奉斎。1876（明治9）年に郷社となり、現在地に社殿を設けたのは1893（明治26）年で、その8年後に本殿が建立されました。

拝殿の絵馬や雲龍の天井画などからは、北前船が活躍していた時代の様子がうかがえます。本殿は華麗な欅造りで彫刻や絵画などの展示も多数。1990（平成2）年には町有形文化財に指定されました。

見てみよう!
寄ってみよう!

## 国稀酒造

日本最北の酒造、多数のお酒の試飲ができ、酒造の歴史を知るコーナーやオリジナル商品の展示販売をはじめ、全国的な観光スポットになってる。

◇◇◇◇◇

## 増毛厳島神社

※住／増毛郡増毛町大字稲葉町3丁目38番地
※T／0164-53-2306
※F／0164-53-2306
※参拝時間／終日可能
※御朱印料／300円
※アクセス／JR留萌本線増毛駅下車徒歩3分

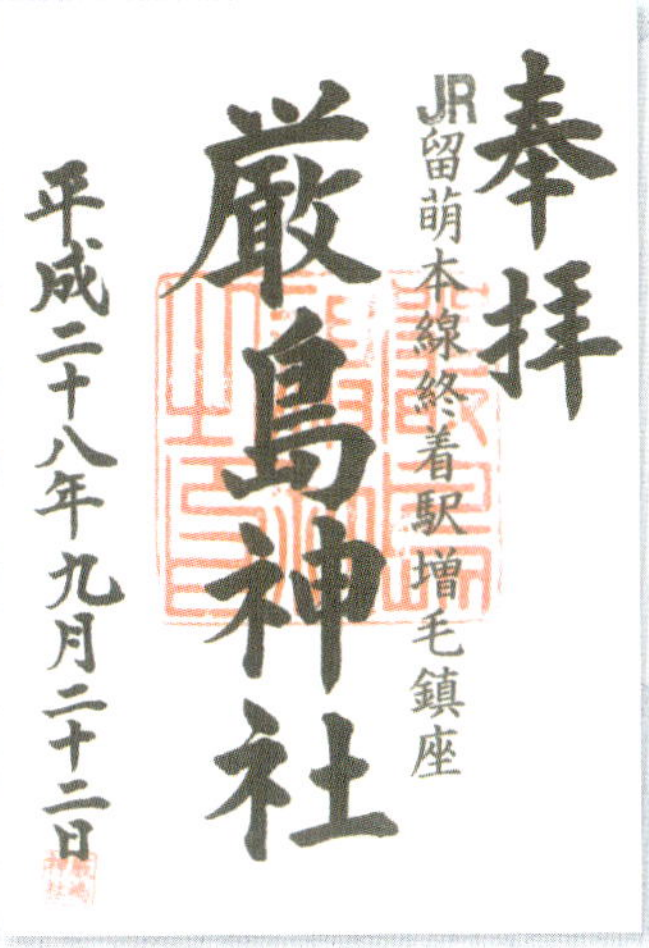


## 御朱印

御朱印（平成28年12月4日にJR留萌線が廃線になるため、写真の御朱印は12月5日まで期間限定）

Pick Up!

肌守り
800円
緑と赤、2色

開運りんご守り
600円
増毛名産をイメージしたお守り

留萌市

# 留萌神社《るもいじんじゃ》

## ＊日本海と市内を一望する境内

1786（天明6）年、当地支配人栖原彦右衛門が、当市58番地に広島県安芸の厳島神社の御分霊を奉斎したのが創祀と伝えられています。1860（万延元）年留萌郡は床内藩の領地となり、1870（明治3）年山口藩の支配地となりましたが、営繕・祭祀の諸費は一切藩費をもって支弁されていたと伝えられています。その後、村社厳島神社と公称し郷社となりました。

初めの境内は海岸に近く、その上低地であったので、荒れたり留萌川が氾濫出水の際は社内に浸水があったため、1898（明治31）年、当市留萌通りに遷座し、同39年には神饌幣帛料供進神社に指定されました。1925（大正14）年に現境内に遷座し、1940（昭和15）年県社となり、現社名に変更しました。

見てみよう！
寄ってみよう！

## 黄金岬

かつてニシンの見張り台でもあった岬は、夕陽に映し出された群来（ニシンの群）がきらきらと黄金色に輝きながら岸をめがけて押し寄せたことから「黄金岬」と呼ばれるようになりました。

◇◇◇◇◇

## 留萌神社

❇住／留萌市宮園町4丁目16番地
❇T／0164-42-0611
❇F／0164-42-8777
❇参拝時間／9:00～17:00
❇御朱印料／お気持ち（300円程度）
❇アクセス／留萌市役所より車で約10分

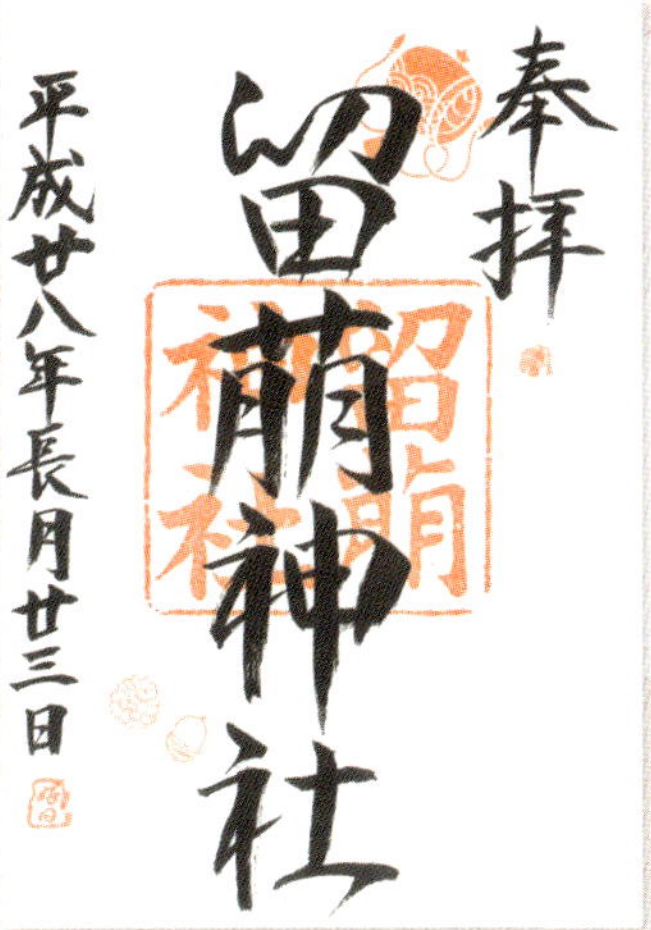


## 御朱印

流れるようなスピード感のある筆文字が、全体的にお洒落さを感じさせている御朱印

鳥居までの階段は緑の中を通る

忠魂碑

## Pick Up!

▲音楽守り　500円

▼仕事守り
500円

伊達市

# 有《う》珠《す》善《ぜん》光《こう》寺《じ》

## ✻人々を見守り続ける「石割桜」の名所

826(天長3)年、比叡山の僧であった慈覚大師が、自ら彫った一光三尊阿弥陀如来を安置し、開山したと伝えられている浄土宗のお寺です。

1613(慶長18)年、松前藩主慶広が如来堂の再建を図りました。その後、1804(文化元)年、時の将軍徳川家斉公により蝦夷三官寺のひとつとして、正式な建立をみた江戸の芝増上寺の末寺です。

1974(昭和49)年5月寺の境内一帯は、江戸時代後期に歴史的な役割を果たしたとして重要であり、本堂は江戸時代の2度の有珠山噴火からも難を逃れてほぼ原型をとどめ、江戸時代のたたずまいを今日に伝えると言う理由で、国の史跡に指定されました。現在は桜の名所としても多くの観光客が立ち寄ります。

見てみよう!
寄ってみよう!

## 有珠山 ロープウェイ

昭和新山山麓駅から有珠山頂駅までを片道約6分で結ぶロープウェイで車窓からは洞爺湖の素晴らしい景観や大有珠の荒々しい山肌など、360度のパノラマが望めます

◇◇◇◇◇

## 有珠善光寺

※住／伊達市有珠町124番地
※T／0142-38-2007
※F／0142-38-2077
※参拝時間／9:00～17:00
※御朱印料／お気持ち（300円程度）
※アクセス／千歳空港より車で高速道路「伊達IC下車」約1時間30分

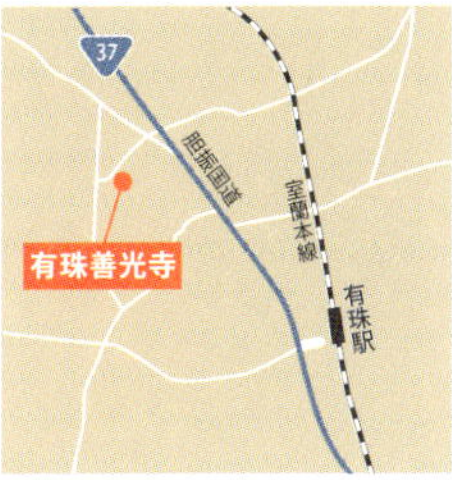

## 御朱印

歴史あるお寺に
ふさわしい御朱印

境内には 200 点の重要な品々を展示している（完全予約制、有料）

北海道の記念保護樹となっている石割桜

Pick Up!

▶縁結び御守り
800円

▲ながいき御守
800円

▲学業御守り　各800円

羽幌町

# 羽《は》幌《ぼろ》神《じん》社《じゃ》

## ＊活気あふれるお祭り支える神社

１８８６（明治19）年頃、わずか漁民十数名が羽幌にきて漁業を営んでいた頃、この漁場内に一小社を建て稲荷大明神を祀っていたとされます。その後漁場の発展と共に移住者が増加したが今だ鎮守の神として崇める社祠がなく、この小社を氏神に代えていました。羽幌に戸長役場が設置されると神社の確立を要望する声が高まり、１９００（明治33）年に移転し、翌年無格社羽幌神社と社号を公称しました。

この年京都伏見稲荷大社から御分霊を奉斎して海路はるばる当地前浜に到着した日が7月9日であったことを記念して翌年から例祭日と定め現在まで続いています。入り乱れて行なわれる最後の練り合いは圧感で、若者の熱気が爆発、燃焼しつくし「お手を拝借、納めの三本じめ」が終わるまで、社殿前は大勢の見物人で埋め尽くされる。

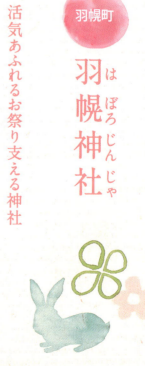

見てみよう!
寄ってみよう!

## 天売・焼尻島

天売・焼尻島へは羽幌町から高速フェリーで渡航します。天売島は、鳴き声からオロロン鳥とも呼ばれるウミガラス、ケイマフリ、ウトウなどの貴重な海鳥の繁殖地。ヒナの巣立ちを迎えるまで、夏は海鳥の声で賑わいます。

◇◇◇◇◇

## 羽幌神社

※住／苫前郡羽幌町南大通6丁目1番地
※T／01646-2-1041
※F／01646-2-1041
※参拝時間／9:00～17:00
※御朱印料／お気持ち（300円程度）
※アクセス／羽幌町役場より徒歩約5分

## 御朱印

もし社務所に誰もいなくてもお気持ちを納め、御朱印を頂くことができる

緑に囲まれた鳥居

境内にある彰徳碑

Pick Up!

◀子授安産お守り
500円

▶交通安全御守り
各500円

深川市

# 芽《め》生《む》神《じん》社《じゃ》

## 縁結び祈願に訪れる女性が多い神社

縁結び良縁開運厄除けのご利益があるということで、札幌や旭川から訪れる人が最近増えているという芽生神社。社務所を留守にするケースも少なくないので、御朱印など希望の場合は5代目宮司でもある浦 隆一さんの携帯電話に事前連絡した方が確実です。

芽生神社が鎮座する深川市メム地域。漢字でメムは芽生と書き、「めぐみ」「めばえ」とも読むことができ、恋が芽生えて結ばれ、愛の結晶が芽生える、作物が芽生えるなど事の起こりの意味もあり、1900（明治33）年、神社本殿落成時に芽生（メム）神社と奉称することになったと伝えられています。

境内は2千坪以上の広さがあり、原始以来の古木や植樹の木で、地域唯一の杜として由緒ある記念碑や記念物などを有しています。また、芸術的価値が高いといわれている本殿は、深川市有形文化財に保護指定されています。

見てみよう！
寄ってみよう！

## 「えんむすび」御守

女性に人気の「えんむすび」御守（500円）。これを求めて遠くからくる参拝者が多い。社務所は留守の場合も多いので、事前に携帯へ連絡した方が確実。

## 芽生神社

❇住／深川市深川町字メム6号線本通り67番地
❇T／090-1303-6822（携帯のみ使用）
❇参拝時間／9：00～17：00
❇御朱印料／300円
❇アクセス／札幌から車で約90分

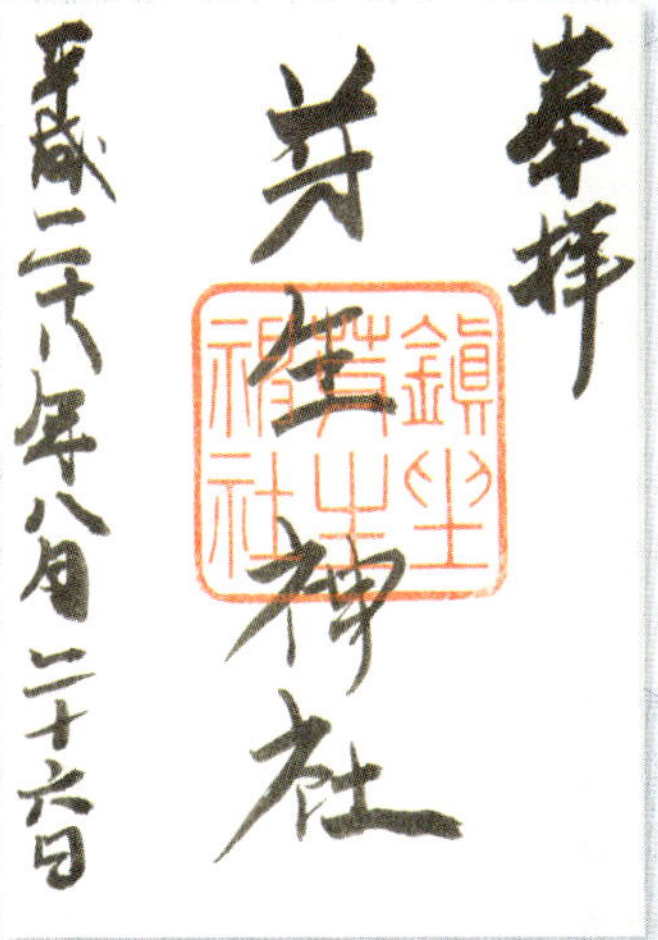


## 御朱印

社号印は120年前から大切に使われているもの。浦隆一宮司は4代目である父親の後を継いだそうです。

境内は巨木や老木が多い

芸術的価値が高い本殿

Pick Up!

**合格御守ほか**
**各500円**

それぞれのお守りが異なる意味を持ち、ご利益もさまざま

平取町

# 義《よし》經《つね》神《じん》社《じゃ》

## 日本史上最大の英雄・義経伝説にトリップ

札幌から車で約2時間、びらとり和牛やトマトの産地としても知られる平取町。毎年8月には義經神社例大祭も行われるなど、町民に崇敬されているのが義經神社です。義經神社はその名の通り、源義經公を御祭神にした神社。1799年、蝦夷地探検の命を受けた近藤重蔵らにより御神像が寄進されたのが始まりと伝えられる北海道では古い歴史を持つ神社の一つです。

源義經公は源平の戦いの後、頼朝により鎌倉への凱旋を拒まれ、奥州平泉、藤原秀衡のもとに身を寄せました。しかし、1189年平泉の変により自害したと伝えられながらも、不明なことも多く蝦夷地に逃れたという伝説もあります。密かに蝦夷地白神(現福島町)に渡った義經公一行は、当時アイヌの集落が栄えていた平取町に居住。住民は義經公を慕い「判官様」、「ハンガンカムイ」と呼んで尊崇していたと伝えられています。

見てみよう!
寄ってみよう!

## 義経資料館

義經神社の社務所に隣接する、源義經公伝説を伝える資料館。入館料は大人200円、小人100円。開館は午前9時から午後5時で月曜が休館日。

◇◇◇◇◇

## 義經神社

❇住／沙流郡平取町本町119番地1
❇T／01457-2-2432
❇F／01457-2-2431
❇参拝時間／9時〜17時
❇御朱印料／300円
❇アクセス／札幌都心より車で約2時間

※御朱印希望の場合は、事前に電話で申し込むのがより確実です。

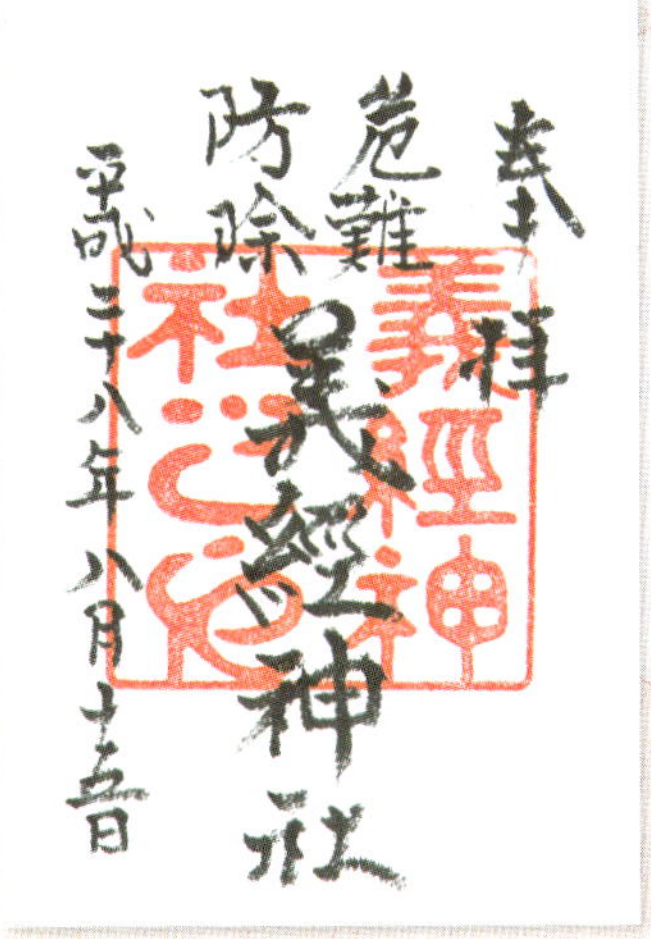


## 御朱印

願望成就(危難防除、無病息災、家内安全、交通安全、商売繁昌)、戦勝(選挙、裁判、試合、競馬)、勧学などの御神徳が伝えられます。

この鳥居をくぐり階段を上ると社殿

樹齢400年ともいわれる御神木

Pick Up!

◀絵馬

2種類ある絵馬は各700円

◀お守り

お守りは3種類とも各500円

▲交通安全ステッカー

交通安全ステッカーは300円

上富良野町

# 上《かみ》富《ふ》良《ら》野《の》神《じん》社《じゃ》

## ✻富良野盆地の総鎮守、十勝岳鎮めの御社

当地は、１８９７（明治30）年三重県の団体が中心となって入植し、開拓が始まりました。

１８９９（明治32）年には富良野村（現富良野市、中富良野町、南富良野町を含む）として分村しましたが、当時は、広大な富良野盆地全域が村域であり、各地に様々な社や祠が奉斎されていました。やがて、富良野村の中心地であった現上富良野市街地に村の総鎮守社を求める声が高くなり、１９０２（明治35）年、現在地に天照大御神を御祭神として富良野神社と称し富良野村の総鎮守の本神社が創祀されました。

その後人口の急増に伴い、１９０３（明治36）年に下富良野（現富良野市）を分村し上富良野村となりました。この分村によって社名も上富良野神社と改称し、現在に至っています。

見てみよう!
寄ってみよう!

## 境内内「はらい巌」

本殿前にある通称「はらい巌」は石の真ん中あたりから松の木が生えてきており、いつの日からかご利益があるとされ、本殿参拝の後には必ずはらい巌にも手を合わせる人が増えています

◇◇◇◇◇

## 上富良野神社

❇住／空知郡上富良野町宮町1丁目4番26号
❇T／0167-45-2139
❇F／0167-45-2139
❇参拝時間／9:00～17:00
❇御朱印料／お気持ち（300円程度）
❇アクセス／JR富良野線「上富良野」駅より徒歩約15分

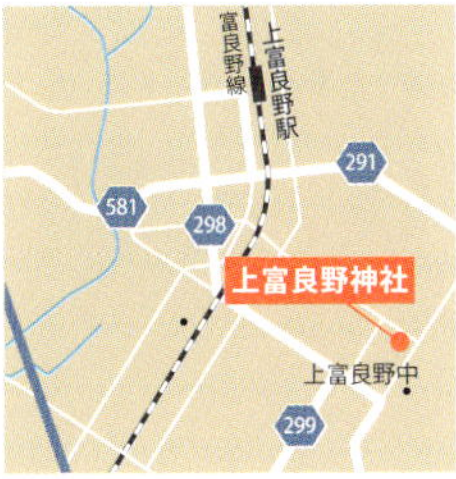


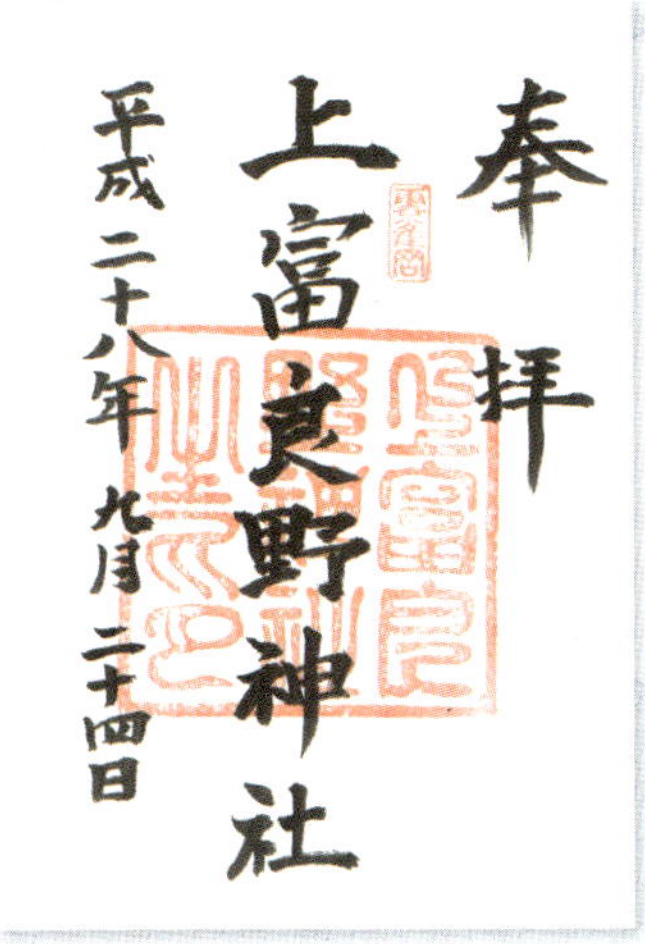


## 御朱印

静ひつでバランスのとれた美しい文字の御朱印

島津農場寄贈

手水舎

Pick Up!

◀夢叶うお守り
800円

▼カラフルな
桜のおみくじ
400円

▲上富良野神社の肌守り
各800円

富良野市

# 富《ふ》良《ら》野《の》神《じん》社《じゃ》

＊「北の国から」「優しい時間」を紡いだ街の鎮守さま

１９０２（明治35）年、開拓の先人たちが心のよりどころとして頭無川の堤防敷地に小祠を建立し、国土生成の祖神大国魂神・大己貴神・小彦名神を御奉祇申し上げたのが始まりで、１９０７（明治40）年に現在の地にご奉遷、現在に至っています。現在の社殿は、１９３６（昭和11）年に造営されたものです。

また、境内には、金刀比羅神社と稲荷神社が勧進されています。

１９８１（昭和56）年から20年余りにわたって放送された「北の国から」、２００５（平成17）年1月から放送の「優しい時間」のロケ地として人気の富良野市、その穏やかで嫋やかな雰囲気は、繁華な街中にありながら、どっしりとして穏やかに鎮座されている、この神社が紡ぎ出したものと言っても過言ではないでしょう。

見てみよう!
寄ってみよう!

## ラベンダー畑

ドラマ「北の国から」で有名な北海道富良野は、全国屈指のラベンダーの名所です。見頃は、色の濃い「濃色早咲」は旬が比較的早く7月上旬。色の薄い「はなむらさき」は7月中旬。同じラベンダーでも品種によって咲く時期が少し違います。

◇◇◇◇◇

## 富良野神社

❇住／富良野市若松町17番6号
❇T／0167-22-2731
❇F／0167-23-6640
❇参拝時間／8：00～18：00
❇御朱印料／お気持ち
　(300円ほど)
❇アクセス／JR富良野駅より
　徒歩13分

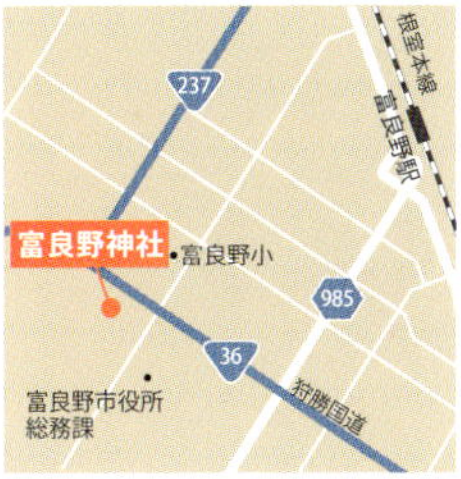


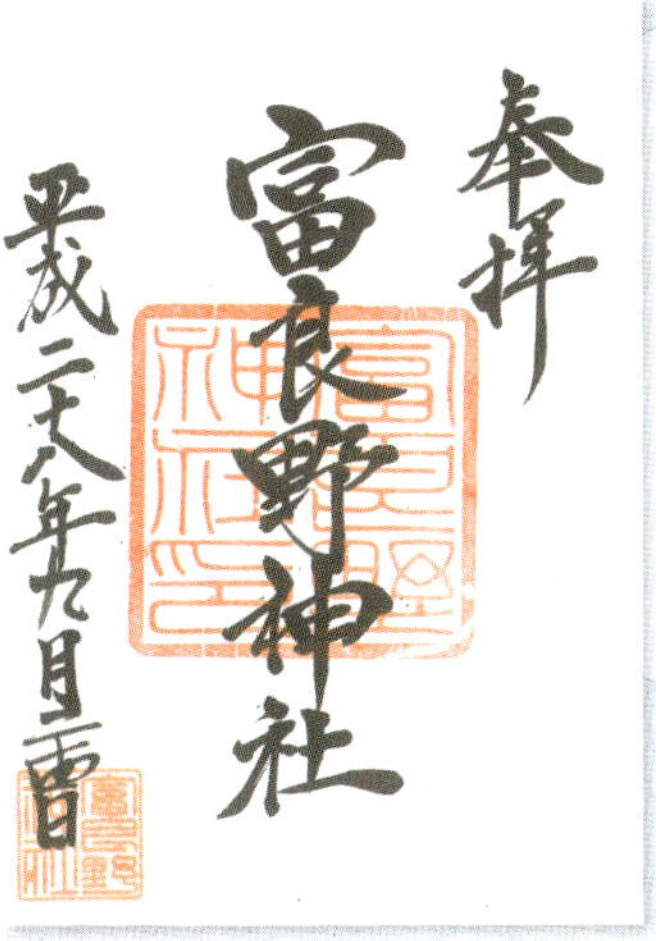


## 御朱印

清楚さと力強さを感じさせるバランスのとれたしなやかな御朱印

誰もが手を合わせる「おはらい岩」

境内にある稲荷神社

Pick Up!

▶まるくいく
お守り
800円

◀こどもお守り
500円

▲縁結びお守り　各500円

釧路市

# 厳島《いつくしま》神《じん》社《じゃ》

## ✻安芸の厳島神社の御分霊が釧路の守り神に

昭和天皇全国巡行の時に、釧路国社として昭和天皇が御参拝された格式ある神社で釧路市民から最も親しまれている神社でもあります。

創祀年は年次不明ですが、江戸期と伝えられています。漁場請負人、佐野孫右エ門が漁場の安全と大漁祈願のため、安芸の厳島神社の御分霊を勧請奉祀したのが紀元と伝えられています。１８０２（文化２）年には再び佐野孫右エ門が請負人となり、旧真砂町高台の人々からカムイシュマ（神岩の意）と呼ばれた木幣を立てて祀られていた土地４００坪に神殿を造営。以来、毎年豊漁が続き住民も増え、神社の周囲に一部落が形成されるようになり、産土神と住民たちに崇仰されるようになったと松浦武四郎の「久摺日記」に記されています。

商売繁盛、学業技芸上達、交通・家内安全を願い、七柱の大神様が勧請奉祀されています。

見てみよう!
寄ってみよう!

## オリジナル御朱印

厳島神社では写真の様なイラスト数種の御朱印がセットになるオリジナル御朱印をスタート(御朱印料500円より)。オリジナル御朱印帳も検討中。

※画像はサンプルです

◇◇◇◇◇

## 厳島神社

❇住／釧路市米町1丁目3番地18号
❇T／0154-41-4485
❇F／0154-43-2974
❇参拝時間／終日可能
❇御朱印料／500円からお気持ちで
❇アクセス／
釧路市市街より車で約10分。JR釧路駅より米町線バス乗車、米町公園バス停下車、徒歩約3分

## 御朱印

「釧路國一之宮」としたためられているように、釧路の一之宮としての崇高さを感じさせる力強い御朱印。

一の鳥居左に縣社厳島神社、右に釧路護国神社の社号碑

稲荷祠

神の使いといわれる鹿が境内に突然現れた写真

Pick Up!

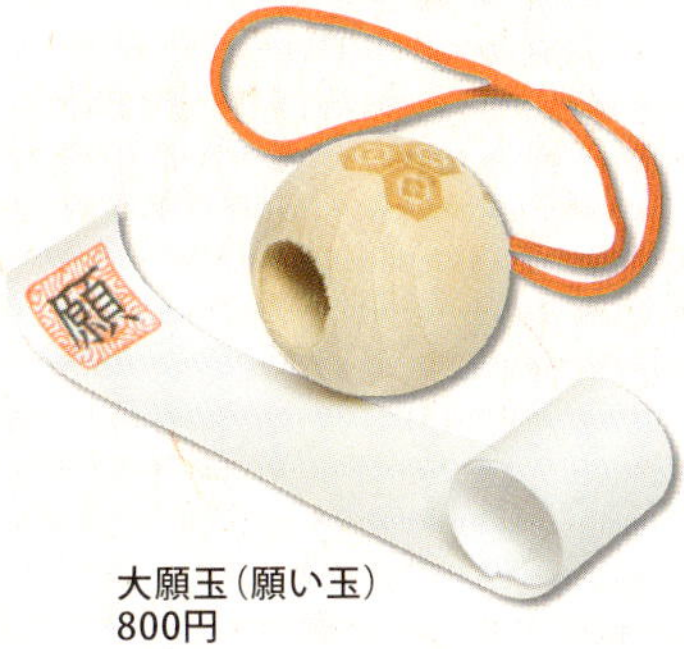


**大願玉(願い玉)**
**800円**

中の紙に願いごとを書ける

**飛躍守り　1,000円**

邪気をはね、運を招く

函館市

# 函館《はこだて》護《ご》國《こく》神《じん》社《じゃ》

## ✻戊辰戦争より太平洋戦争に至る戦没者を祀る神社

市電宝来町電停近くの護国神社坂には、江戸時代後期に函館の繁栄を支えた廻船商人・高田屋嘉兵衛の像が立っています。この坂を上った先に見えるのが函館護國神社の大鳥居。約１５０年前の戊辰戦争で、命を失った政府軍兵士の御霊を祀る函館招魂社として１８６９（明治２）年に創建されました。１９３９（昭和14）年に函館護國神社と改称されましたが、境内には「招魂場」と刻まれた石碑が今も残っています。

御祭神は、戊辰戦争を始め、明治から昭和にかけて尊い命を祖国に殉じた青年兵士たち。独身の神々を多く祀ったことから、女性やカップルの参拝が増え、いつしか縁結びの宮として定着しました。函館山を背に広大な芝生を有する境内は憩いの場として利用され、大鳥居の向こうに太平洋が広がる景色は、函館山ロープウェイを降りた観光客にも喜ばれています。

見てみよう!
寄ってみよう!

## 大鳥居からの絶景

広々とした護国神社坂の上に立つ大鳥居からは、函館の市街地に沿って曲線を描く大森浜が見える。太平洋へと続く海原と青い空が一体となった絶景を、参拝帰りにじっくり楽しみたい。

◇◇◇◇◇

## 函館護國神社

❇住／函館市青柳町9番23号
❇T／0138-23-0950
❇F／0138-23-8861
❇HP／http://hakodate-gokoku.jp/
❇参拝時間／9時~17時(3~9月)、9時~16時30分(10~2月)
❇御朱印料／300円
❇アクセス／市電宝来町電停より徒歩約8分
※無料Wi-Fi／SSID:gokokujinjiya パスワード:12345678

## 御朱印

「神威奉拝」と朱墨でしたためられた珍しい御朱印

社殿の前に広がる芝生が美しい境内

石段の上に立つ護國神社の大鳥居

**縁結び御守り**
**600円**

他に白、ピンクの全4色

**綺羅々御守り(勝)**
**500円**

勝負運の向上、自身に打ち克つことを願う

なでてみよう!

なでふくろう
ふくろうをなでて祈願成就

## Pick Up!

**❶ふくろう寄木　1,000円**

寄木細工のキーホルダー

**❷ふくろう御守り　600円**

和紙製。不苦労、福朗を祈願

函館市

# 函《はこ》館《だて》八《はち》幡《まん》宮《ぐう》

## ＊地名の由来となった河野家ゆかりの八幡様

函館山の麓に鎮座する函館八幡宮が、現在地の谷地頭に奉遷となったのは１８８０（明治13）年のこと。いわゆる函館市の総鎮守として１３０年以上の歴史を持つ神社です。由緒によると、１４４５（文安２）年に当地の領守であった河野加賀守政通が、現在の元町公園付近に館を建て、敷地の東南の隅に神様を祀ったと伝えられています。その館が箱のように見えたことから、以来この地は箱館（函館）と呼ばれるようになったと言われています。

函館八幡宮の参拝には市内を走る路面電車がおすすめです。終点駅の市電谷地頭電停で下車すると、右側に見える函館山に向かってまっすぐに参道が延びています。二ノ鳥居をくぐって本殿へと続く１３４段の石段があり、８月中旬の例大祭では約１．５トンの大神輿の石段かけのぼりが、正月２日には迫力あるどさんこ馬の新年騎馬参拝が行なわれます。

見てみよう!
寄ってみよう!

## 延命の桜

2004年9月の台風で幹の3分の2を失ったため、取り除かれることになった日に季節はずれの花を咲かせた大山桜。その後、延命の桜と名づけられ、春の境内を美しく彩っている。

◇◇◇◇◇

## 函館八幡宮

❇住／函館市谷地頭町2番5号
❇T／0138-22-3636
❇F／0138-22-5316
❇参拝時間／終日可能
❇御朱印料／ご厚志を賜ります
❇アクセス／市電谷地頭電停より徒歩約5分
※御朱印の受付は9時～17時

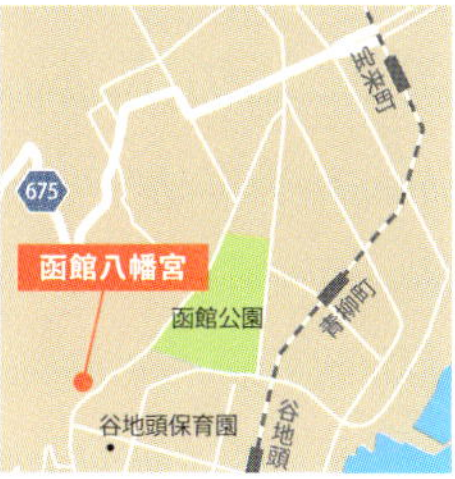

## 御朱印

2羽の鳩が向き合っているように描かれた「八」の文字が特徴のご朱印です。

本宮境内社の鶴若稲荷神社

御神木は北海道記念保護樹木で樹齢180余年の欅

Pick Up!

**御朱印帳**
**1,500円**
木製のオリジナル御朱印帳

**鳩守**
**800円**
社紋と鳩を描いたお守り

**勝運守**
**500円**
ご利益は勝負成就

函館市

# 亀《かめ》田《だ》八幡《はちまん》宮《ぐう》

## ＊旧拝殿は砲弾の痕が残る函館最古の木造建築

室町時代の１３９０（明徳元）年、越前国敦賀郡気比神宮より八幡大神の御分霊を奉遷したのが起源と伝えられています。１６０３（慶長８）年に松前藩の祈願所に定められ、本殿拝殿を建立しました。その後、１８６３（文久３）年に改築された拝殿は、現存する函館最古の木造建築と言われ、旧拝殿（神輿殿）として今も境内に残されています。また、戊辰戦争の終結時には、この拝殿において、敗れた旧幕府軍の榎本武揚、大鳥圭介らが、新政府軍の黒田清隆らを前に降伏の誓約を交わしました。函館最古の木造建築に拝殿の羽目板には、境内での戦闘による砲弾の痕を見ることができます。

現在の社殿は１９６４（昭和39）年に建てられ、武芸や勝負事の神様として崇められています。地元では函館八幡宮に次いで初詣客が多く、９月の例大祭でも訪れた多くの市民で賑わっています。

**見てみよう!**
**寄ってみよう!**

## 亀田川の痕跡

本殿へと続く参道の途中にある太鼓橋は、かつてここに川があった名残。飲料水確保のため現在の亀田川の分流となり、昭和初期頃までは小川が流れていたと言う。

◇◇◇◇◇

## 亀田八幡宮

❇住／函館市八幡町3番2号
❇T／0138-41-5467
❇F／0138-40-8210
❇参拝時間／終日可能
❇御朱印料／ご厚志を賜ります
❇アクセス／バス停「宮前町」より徒歩約5分
※御朱印の受付は8時30分～17時

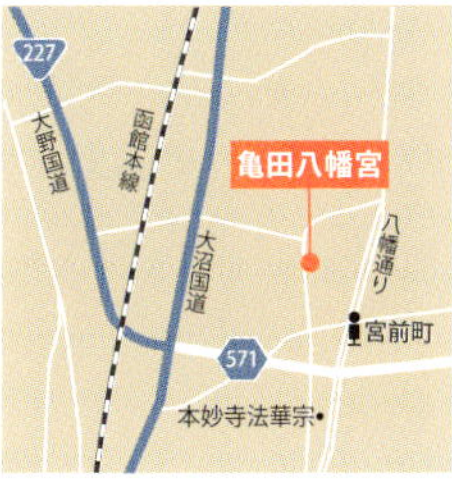

## 御朱印

「亀八」の呼び名で親しまれている神社。亀甲の朱印と柔らかな筆運びが特徴の御朱印です。

箱館奉行・工藤茂五郎長栄奉納の大鳥居

神輿殿として残る旧拝殿

## Pick Up!

**絵馬**

満開の桜が描かれた合格祈願の絵馬

**御守**

亀田八幡宮オリジナル

**交通安全御守**

車内やカバンにつけて

函館市

# 湯《ゆ》倉《くら》神《じん》社《じゃ》

## この地に繁栄をもたらした湯の川温泉の守り神

函館の奥座敷として発展した湯の川温泉は、500余年前、一人の木こりが発見して関節の痛みを癒したことが始まりです。そのお礼にと木こりが建てた小さな祠が湯倉神社の起源であると伝えられています。また、1653（承応2）年、後の松前藩九代藩主高広（幼名千勝丸）が重い病にかかったとき、母・清涼院の夢でお告げを受け、この地で湯治しました。やがて千勝丸は全快したことから、社殿を造営し、黄金の薬師如来像と鰐口（円盤型の大きな鈴）を奉納。以来、この地で暮らす人々に崇敬されている神社です。

境内には豊受稲荷神社、日吉4丁目から移された日吉神社（滋賀県大津の比叡山「日吉大社」の分霊）が鎮座。樹齢370年とも言われるイチイの御神木を始め、樹齢220年の「湯倉の大銀杏」や春楡、黒松、板谷楓など、函館市の保存樹を見ることができます。

見てみよう！
寄ってみよう！

## 湯の川温泉発祥之地碑

北海道の三大温泉郷の一つに数えられる湯の川温泉。かつてこの碑が立っているところから温泉が自然湧出していた。戊辰戦争では、榎本武揚が傷病兵とともに湯に浸かったとも言われている。

◇◇◇◇◇

## 湯倉神社

- ＊住／函館市湯川町2丁目28番1号
- ＊T／0138-57-8282
- ＊F／0138-57-7812
- ＊参拝時間／終日可能
- ＊御朱印料／300円
- ＊アクセス／市電湯の川電停より徒歩約1分

※御朱印の受付は8時30分～17時

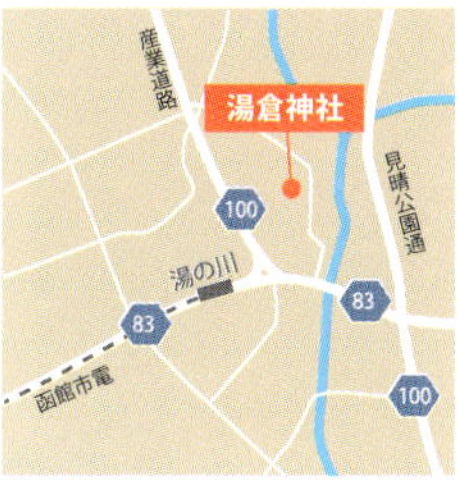


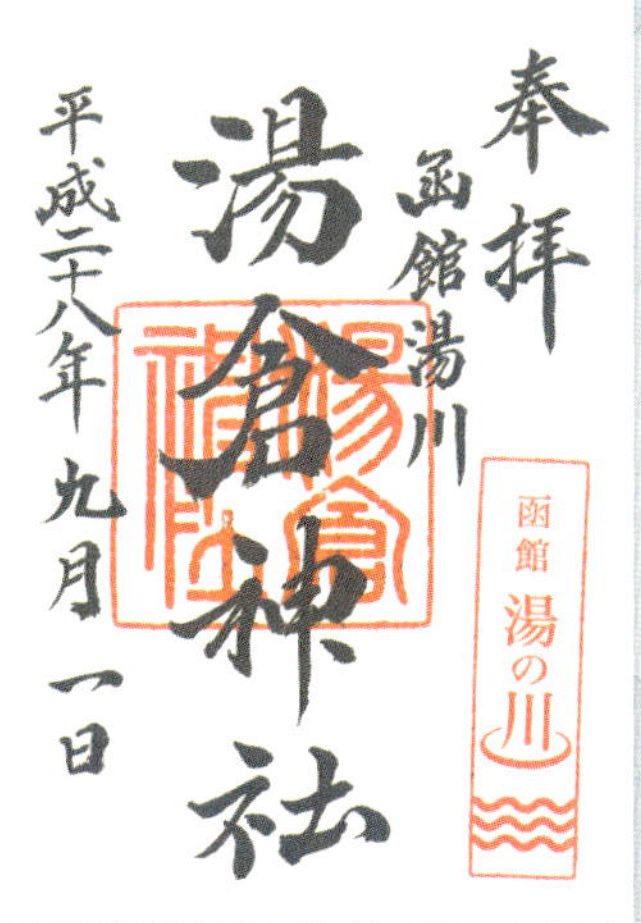


## 御朱印

歴史ある温泉地の守り神として親しまれている神社のご朱印。函館湯の川温泉の朱印も入っています。

赤い鳥居が続く豊受稲荷神社

神輿殿に置かれた小槌で開運招福を祈願

Pick Up!

**大丈夫守　1,000円**

何があっても大丈夫なように。桐箱入り

**イカすおみくじ　300円**

北海道弁で書かれたオリジナルの「えぞみくじ」

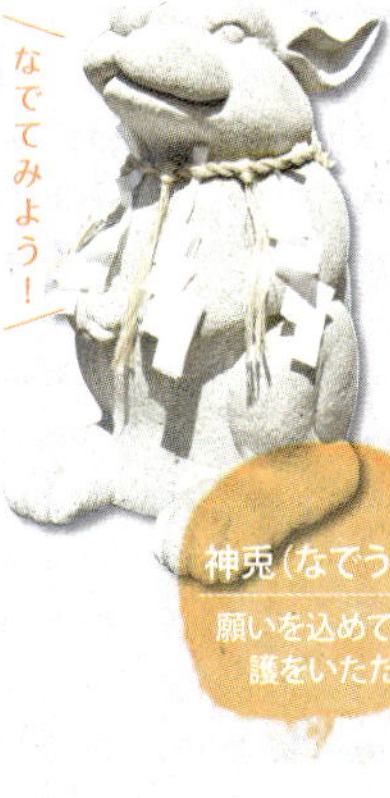

なでてみよう！

**神兎（なでうさぎ）**

願いを込めてご加護をいただく

**御神縁御守**

自分だけの特別なお守りが作れる。御守300円（全12種類）、袋400円（袋・紐各5色、全25通り）

**飛躍セット 1,000円**

飛躍御守と絵馬の組み合わせ

函館市

# 船《ふな》魂《だま》神《じん》社《じゃ》

## ✻北海道最古、義経伝説ゆかりの船の守り神

函館山麓の元町周辺は、宗派の異なる教会や多くの歴史的建造物が立ち並び、いつも観光客で賑わっています。函館観光の中心地であるここ元町に鎮座するのが船魂神社で、境内からは「巴港」と呼ばれる美しい港を見下ろすことができます。北海道最古の神社とも言われ、古くから船の守護神、海上安全、大漁祈願の神様として、漁師や船乗りから崇敬されてきました。

また、この神社は、北海道の各地に残された「義経伝説」にまつわる神社として知られています。鎌倉時代の始め頃、津軽から北に向かう源義経とその一行を海難から助け、この地へ導いたのが船魂の大神でした。さらに、無事に上陸した義経が飲み水を探していると、忽然と岩の上に現れた童子が指を差し、その先にこんこんと清水が涌き出しました。境内には、その「童子岩」も祀られています。

## 見てみよう! 寄ってみよう!

### 甘味茶房 花かんろ

船魂神社の石段から坂道を下ったところにある甘味処。北海道生まれの「きびだんご」や手作りの白玉クリームあんみつが人気。営業時間9時～17時。不定休。

◇◇◇◇◇

### 船魂神社

❇住／函館市元町7番2号
❇T／0138-23-2306
❇F／0138-23-2306
❇参拝時間／終日可能
❇御朱印料／300円
❇アクセス／市電末広町電停より徒歩約10分
※御朱印の受付は8時～17時

## 御朱印

北海道最古と義経の里と添えられ、ご利益を導く力強い筆使いの御朱印。

義経伝説にまつわる「童子岩」

義経の顔ハメ看板で記念撮影を

## Pick Up!

**交通安全守**
各種500円～

**御朱印帳**
**1,500円**
舵と波を描いたオリジナル

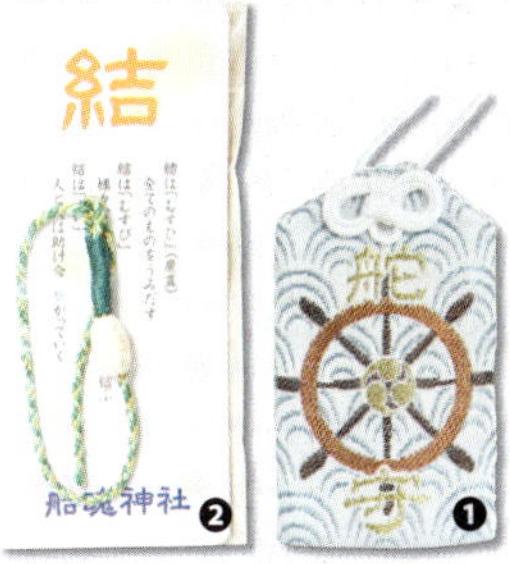


**❶舵守 ❷結び守　各700円**
人気のお守り(❶)
人と人を結ぶご利益が(❷)

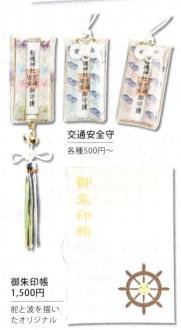

函館市

# 成田山 函館別院
# 函《かん》館《かん》寺《じ》

## ✻巡礼者を迎える道南の成田山不動信仰の道場

市電松風町電停を下車してすぐの繁華街にある寺院です。1883(明治16)年に真言宗智山派大本山成田山新勝寺のご本尊大聖不動明王の分霊を勧請し、1896(明治29)年、成田山函館寺(通称成田山函館別院)を開創しました。その後、1934(昭和9)年の函館大火にて、本堂、客殿、庫裡のすべてを失いましたが、翌年に仮堂を建立。開創100周年の勝縁を迎えて新本堂ならびに山門、地蔵堂を建立しました。また、開創110周年には、新本堂奉安御本尊と四大明王を造立。道南の成田山不動信仰の道場として確立されました。

成田山函館寺は、1989(平成元)年に北海道内の真言宗寺院により開創された「北海道三十六不動尊霊場」の第28番札所で、ご詠歌は「ありがたや成田御山に参詣 身は護摩の香煙にあうぞ嬉しき」。連日、巡礼に訪れる人を温かく迎えています。

見てみよう!
寄ってみよう!

## 函館自由市場

鮮魚を中心に青果、乾物など専門性の高い品揃えで、プロの料理人御用達の市場としても知られている。函館市新川町1-2
営業時間8時～17時30分（店舗により異なる）日曜定休

◇◇◇◇◇

成田山 函館別院
## 函館寺

❇住／函館市松風町15番17号
❇T／0138-22-0862
❇F／0138-22-3420
❇参拝時間／8時～17時
❇御朱印料／300円
❇アクセス／市電松風町電停より徒歩約1分

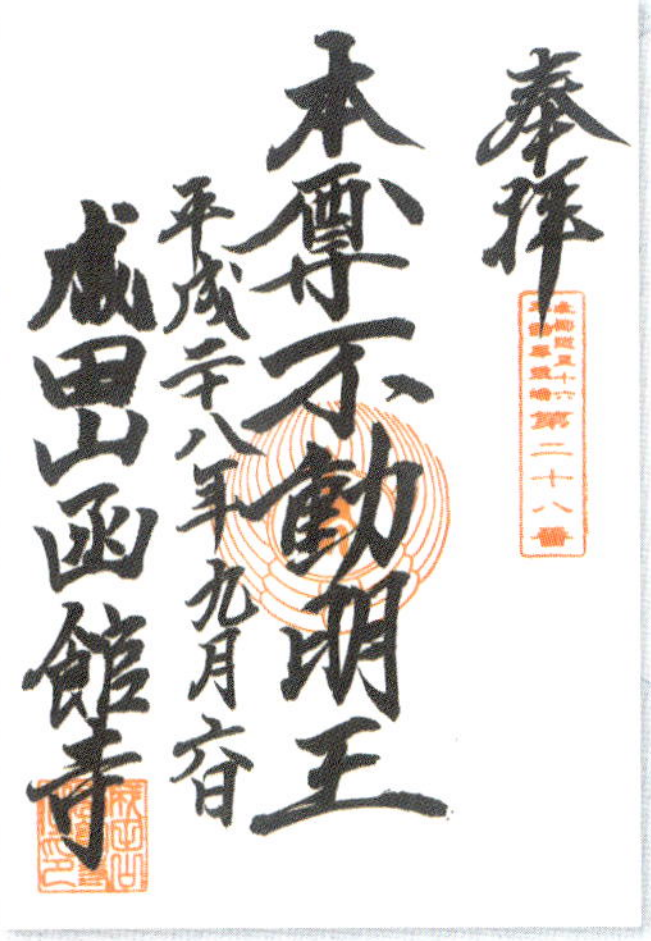


## 御朱印

巡礼者が日々訪れる北海道三十六不動尊霊場第28番札所。「本尊不動明王」の文字が力強いご朱印です。

本堂ではご本尊ならびに四大明王を拝められる

本堂の手前に建てられた地蔵堂

Pick Up!

御守
各800円
身代守

絵馬
500円
不動明王が描かれている

不動尊霊場会
勤行聖典
300円
36霊場にてお唱えするお経本

函館市

国華山

# 高龍寺《こうりゅうじ》

## ✻国の有形文化財に登録された函館最古の寺院

高龍寺は江戸初期の１６３３(寛永10)年、福山(現松前町)の法源寺の僧・盤室芳龍(ばんしつほうりゅう)によって創建された曹洞宗の寺院。その後、度重なる水害により亀田村から弁天町へ移りましたが、箱館戦争の際に官軍の砲撃を受けて全焼し、１８７９(明治12)年に現在地へ移転しました。現在の本堂は１９００(明治33)年、東北以北最大で、獅子、龍、鳳凰など２０７の彫刻を施した山門は１９１１(明治44)年に建立されました。その他、開山堂、鐘楼、水盤舎、レンガ造りの土塀など、高龍寺の10の建造物が国の有形文化財に登録されています。

また、例年４月には、松前藩の家老で江戸時代後期の画家として知られる蠣崎波響(かきざきはきょう)の大作「釈迦涅槃図」を公開、10月には所蔵する３５０点の貴重な書画の一部を展示する「高龍寺宝物展」も行なわれています。

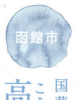

見てみよう！
寄ってみよう！

## 高龍寺のレンガ塀

幾度となく大火に見舞われた函館では、明治以降、防火塀としてレンガが多く使われた。高龍寺の境内を囲むレンガ塀もその一つで、建築時期が異なるフランス積みとイギリス積みの混在が見られる。

◇◇◇◇◇

国華山
## 高龍寺

❄住／函館市船見町21番11号
❄T／0138-23-0631
❄F／0138-23-0682
❄参拝時間／9時～16時
❄御朱印料／ご厚志を賜ります
❄アクセス／バス停「高龍寺前」より徒歩約1分

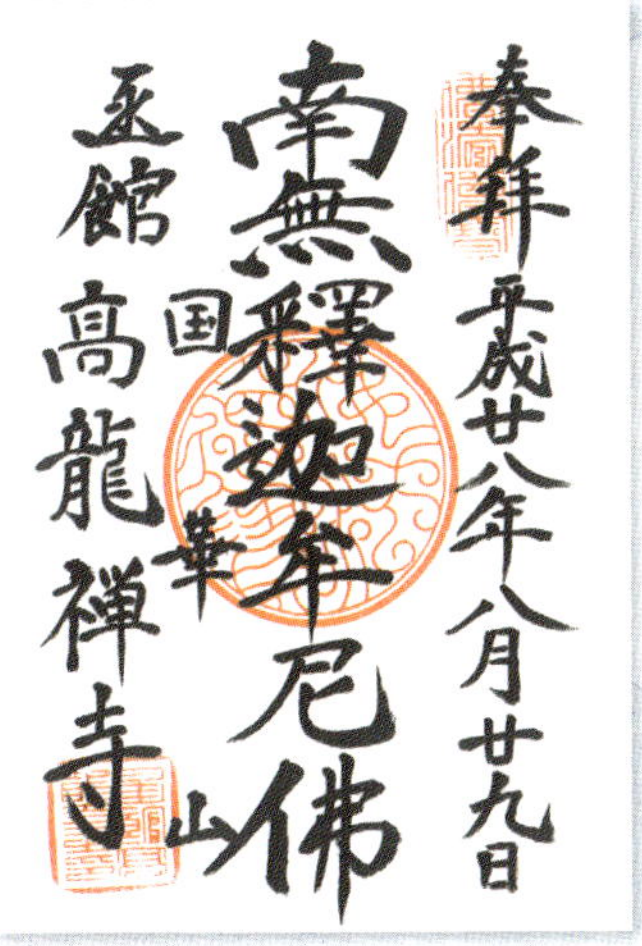


## 御朱印

写経のごとく丁寧な筆使いの文字がバランスよく配置されている

開山堂

山門

Pick Up!

◀交通安全
ステッカータイプのお守り

◀御守
カラーも豊富

◀交通安全守護攸
車用の守り札

線香
高龍寺オリジナル

## 北海道でも癒しと巡拝の旅

# 北海道八十八ヶ所霊場巡り

現代より1200年ほど前、「四国八十八ヶ所霊場」が真言宗の開祖、弘法大師 空海により開かれました。現在では全国各地50カ所以上の霊場が開場され、観光も含め多くの方々が参拝に訪れています。北海道でも、平成18年に「北海道八十八ヶ所霊場」が開場されました。

北海道はもともと、十三仏霊場、三十三観音霊場、三十六不動霊場がありましたが、八十八ヶ所霊場だけが存在しませんでした。そのため、屯田兵や開拓者として北海道に移り住んだ人たちが地元の寺院境内に八十八ヶ所を設けるケースが見られました。それを全道的な規模で実現させたのが北海道八十八ヶ所霊場の始まりです。開場までに11年の歳月がかかったといわれています。

現在では巡拝方法もさまざまで、参拝者の都合や考え方で自由に組み合わせることが可能です。移動手段も車やツアーなどがあり、数年に分けて巡ることもできます。北海道は温泉や観光施設も多く、ゆっくり楽しみながら巡拝するのも方法です。

## ■北海道八十八ヶ所霊場　開場期間：5月1日～10月31日、冬季閉場

### 発心の道場
第1～23番（道北）

発心とは仏教に帰依しようとする心を起こすこと。
遍路の旅を想うのも発心の一つです。

| | | | |
|---|---|---|---|
| 第一番 | 眞久寺 | 旭川市5条4丁目右2号 | 釈迦如来 |
| 第二番 | 眞久寺六角堂 | 旭川市5条4丁目右2号 | 阿弥陀如来 |
| 第三番 | 旭山廟 | 旭川市東旭川町倉沼15-4 | 釈迦如来 |
| 第四番 | 春光の丘寺 | 旭川市東旭川町倉沼15-4 | 大日如来 |
| | 第三番 旭山廟内 | | |
| 第五番 | 真勝寺 | 芦別市東頼城町14 | 地蔵菩薩 |
| 第六番 | 大照寺 | 芦別市本町140-4 | 薬師如来 |
| 第七番 | 光元院 | 芦別市旭町11-14 | 阿弥陀如来 |
| 第八番 | 観音寺 | 赤平市若木町東5丁目27 | 千手観音 |
| 第九番 | 弘徳寺 | 雨竜郡北竜町字西川3-1 | 釈迦如来 |
| 第十番 | 丸山寺 | 深川市一已町大師 | 千手観音 |
| 第十一番 | 金剛寺 | 樺戸郡浦臼町キナウスナイ196-31 | 薬師如来 |
| 第十二番 | 郷芳寺 | 滝川市大町5-2-6 | 虚空蔵菩薩 |
| 第十三番 | 観音寺 | 留萌郡小平町本郷195 | 十一面観音 |
| 第十四番 | 観音寺奥之院 | 留萌郡小平町本郷195 | 弥勤菩薩 |
| 第十五番 | 成田山真如院 | 苫前郡羽幌町南6条1丁目4 | 薬師如来 |
| 第十六番 | 成田山教信寺 | 天塩郡天塩町新地通7丁目1811 | 千手観音 |
| 第十七番 | 法弘寺 | 名寄市西4条南9丁目1 | 七仏薬師如来 |
| 第十八番 | 弘法寺 | 中川郡美深町字大手192 | 薬師如来 |
| 第十九番 | 光願寺 | 中川郡美深町西1条北4丁目1 | 地蔵菩薩 |
| 第二十番 | 実心寺 | 士別市上士別町20線南4 | 地蔵菩薩 |
| 第二十一番 | 大阿寺 | 士別市東1条5丁目5 | 虚空蔵菩薩 |
| 第二十二番 | 不動院 | 士別市南士別町1871 | 薬師如来 |
| 第二十三番 | 眞弘寺 | 上川郡当麻町5条西3丁目15-1 | 薬師如来 |

### 修行の道場
第24～39（道東）

難行苦行とは異なり、心身共に仏道を身に付けて
善行を積む精神面の修行を意味します。

| | | | |
|---|---|---|---|
| 第二十四番 | 眞弘寺大師堂 | 上川郡当麻町5条西3丁目15-1 | 虚空蔵菩薩 |
| 第二十五番 | 大照寺 | 上川郡比布町寿町1丁目5-4 | 地蔵菩薩 |
| 第二十六番 | 大聖寺 | 上川郡上川町北町33 | 薬師如来 |
| 第二十七番 | 法弘寺遍照閣 | 名寄市西4条南9丁目1 | 十一面観音 |
| 第二十八番 | 実心寺観音堂 | 士別市上士別町20線南4 | 大日如来 |
| 第二十九番 | 青龍寺 | 紋別郡滝上町元町 | 千手観音 |
| 第三十番 | 青龍寺(旧龍光院) | 紋別郡滝上町元町 | 阿弥陀如来 |

| | | | |
|---|---|---|---|
| 第三十一番 | 景勝寺 | 北見市留辺蘂町宮下町119 | 文殊菩薩 |
| 第三十二番 | 弘法寺 | 常呂郡置戸字置戸226-1 | 十一面観音 |
| 第三十三番 | 佛光堂 | 常呂郡置戸町字置戸226-1 | 薬師如来 |
| | 第三十二番弘法寺境内 | | |
| 第三十四番 | 福王寺 | 網走郡津別町字柏町10 | 薬師如来 |
| 第三十五番 | 薬師堂 | 網走郡津別町字柏町10 | 薬師如来 |
| | 第三十四番福王寺本堂内 | | |
| 第三十六番 | 波切不動寺 | 目梨郡羅臼町共栄町106-1 | 不動明王 |
| 第三十七番 | 善照寺 | 標津郡標津町字川北63-16 | 阿弥陀如来 |
| 第三十八番 | 泉福寺 | 標津郡中標津町計根別北2条東3丁目1 | 三面千手観音 |
| 第三十九番 | 髙野寺 | 厚岸郡厚岸町宮園2丁目6 | 薬師如来 |

## 菩提の道場
第40～65番（道南）

菩提は道であり、知であり、覚であるといわれています。
全ての煩悩を断ち切り、不生、不滅の理を悟って得られます。

| | | | |
|---|---|---|---|
| 第四十番 | 密厳寺 | 中川郡本別町朝日町16-4 | 薬師如来 |
| 第四十一番 | 鹿追寺 | 河東郡鹿追町南町2-31 | 十一面観音 |
| 第四十二番 | 照覺寺 | 河西郡芽室町東めむろ1条南1丁目9-1 | 大日如来 |
| 第四十三番 | 弘真寺 | 帯広市西24条南2丁目15-9 | 千手観音 |
| 第四十四番 | 新正寺 | 中川郡池田町大通7丁目6 | 十一面観音 |
| 第四十五番 | 真隆寺 | 中川郡幕別町錦町96 | 不動明王 |
| 第四十六番 | 高野寺 | 帯広市西12条北2丁目1 | 薬師如来 |
| 第四十七番 | 金剛閣 | 広尾郡大樹町西本通68 | 阿弥陀如来 |
| | 第四十八番高野山寺内 | | |
| 第四十八番 | 高野山寺 | 広尾郡大樹町西本通68 | 十一面観音 |
| 第四十九番 | 地蔵寺 | 広尾郡広尾町西3条11丁目1-1 | 釈迦如来 |
| 第五十番 | 妙龍寺 | 浦河郡浦河町昌平町駅通53 | 薬師如来 |
| 第五十一番 | 望洋寺 | 苫小牧市浜町1丁目4-14 | 薬師如来 |
| 第五十二番 | 瀧泉寺 | 登別市中登別町220-5 | 十一面観音 |
| 第五十三番 | 千光寺 | 登別市中央町2丁目1-3 | 阿弥陀如来 |
| 第五十四番 | 清瀧寺 | 室蘭市天神町19-25 | 不動明王 |
| 第五十五番 | 壮栄寺 | 有珠郡壮瞥町字滝之町453 | 大通智勝如来 |
| 第五十六番 | 不動寺 | 伊達市鹿島町8 | 地蔵菩薩 |
| 第五十七番 | 大宝寺 | 亀田郡七飯町字上藤城541-11 | 阿弥陀如来 |
| 第五十八番 | 阿吽寺 | 松前郡松前町字松城371 | 千手観音 |
| 第五十九番 | 遍照寺 | 虻田郡留寿都村三ノ原270 | 薬師如来 |

| | | | |
|---|---|---|---|
| 第六十番 | 孝徳寺 | 余市郡仁木町銀山3-163 | 大日如来 |
| 第六十一番 | 仁玄寺 | 余市郡仁木町西町7丁目1 | 大日如来 |
| 第六十二番 | 密巖寺 | 余市郡余市町大川町10丁目17 | 十一面観音 |
| 第六十三番 | 不動院 | 小樽市花園4丁目22-17 | 毘沙門天 |
| 第六十四番 | 善導院 | 函館市東山町156-106 | 阿弥陀如来 |
| 第六十五番 | 精周寺 | 小樽市最上2丁目15-33 | 十一面観音 |

## 涅槃の道場
第66～88番（道央）

迷いや煩悩や執着を断ち切り、
悟りに到達して一切の苦・束縛・輪廻から解放された最高の境地。

| | | | |
|---|---|---|---|
| 第六十六番 | 明王寺 | 札幌市西区平和264 | 千手観音 |
| 第六十七番 | 密修寺 | 札幌市中央区北7条西20丁目1-28 | 薬師如来 |
| 第六十八番 | 招福寺 | 札幌市南区定山渓9 | 阿弥陀如来 |
| 第六十九番 | 淨徳寺 | 札幌市南区簾舞２条5丁目6-1 | 聖観音 |
| 第七十番 | 弘法寺奥之院 | 札幌市南区滝野326-2（鱒見の滝入口付近） | 馬頭観音 |
| | 連絡先：弘法寺　札幌市中央区北2条東10丁目15 | | |
| 第七十一番 | 吉祥院 | 札幌市北区北30条西13丁目2-6 | 千手観音 |
| 第七十二番 | 弘聖院 | 石狩市花川北6条4丁目16 | 大日如来 |
| 第七十三番 | 善福寺 | 札幌市中央区北7条西20丁目1-28 | 釈迦如来 |
| | 第六十七番 密修寺内 | | |
| 第七十四番 | 吉祥院 | 札幌市北区北30条西13丁目2-6 | 薬師如来 |
| 第七十五番 | 八葉峰寺 | 江別市緑町東3丁目73 | 薬師如来 |
| 第七十六番 | 雷音寺 | 江別市朝日町41-9 | 薬師如来 |
| 第七十七番 | 覺良寺 | 江別市東光町17-10 | 薬師如来 |
| 第七十八番 | 長高寺 | 岩見沢市11条東1丁目3 | 阿弥陀如来 |
| 第七十九番 | 弘仙寺 | 三笠市幾春別町2丁目239-1 ☎011-884-5480 | 十一面観音 |
| | 連絡先：弘仙寺札幌支院　札幌市清田区平岡5条4丁目11-1 ☎011-884-5480 | | |
| 第八十番 | 大心寺 | 美唄市字峯延本6496-14 | 十一面千手観音 |
| 第八十一番 | 高徳寺 | 岩見沢市上志文町468 | 千手観音 |
| 第八十二番 | 龍光寺 | 岩見沢市志文本町1条4丁目1-9 | 千手千眼観音 |
| 第八十三番 | 孝恩寺 | 夕張郡栗山町大井分269 | 聖観音 |
| 第八十四番 | 観照寺 | 札幌市豊平区西岡2条11丁目25-2 | 十一面千手観音 |
| 第八十五番 | 至勢山観霊院 | 札幌市清田区平岡1条4丁目6-1 | 聖観音 |
| 第八十六番 | 成田山真如院札幌別院 | 札幌市清田区平岡2条1丁目4-20 | 十一面観音 |
| 第八十七番 | 大照寺別院 | 札幌市厚別区大谷地東3丁目5-35 | 聖観音 |
| 第八十八番 | 大照寺 | 札幌市厚別区大谷地東3丁目5-35 | 薬師如来 |

協力：北海道八十八ヶ所霊場会事務局 上川郡当麻町5条西3丁目 眞弘寺内 TEL(0166)84-2535

# INDEX

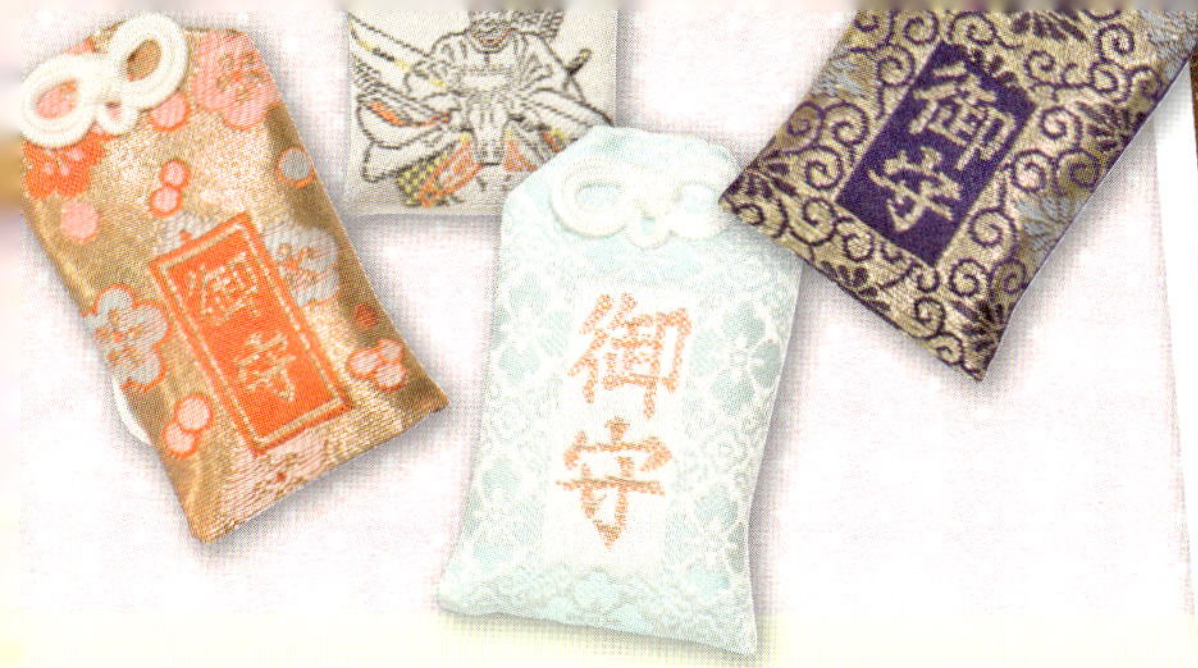
御守
御守
御守

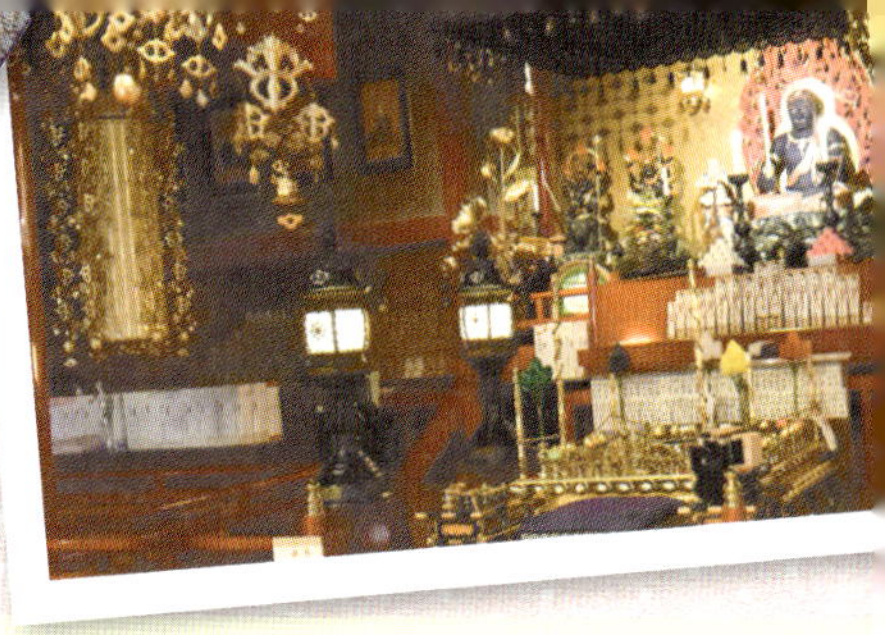



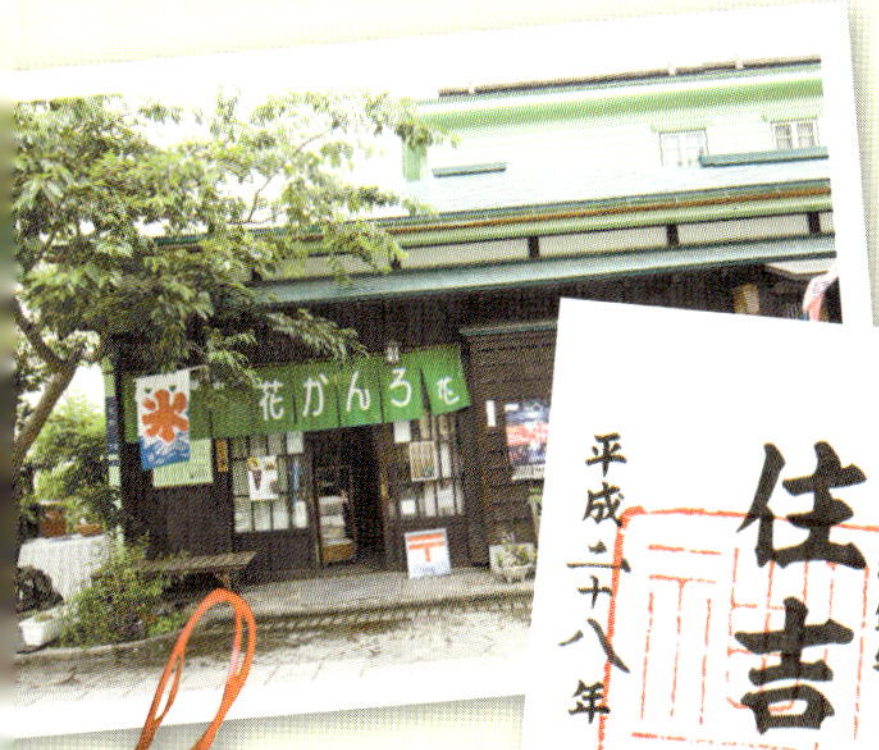

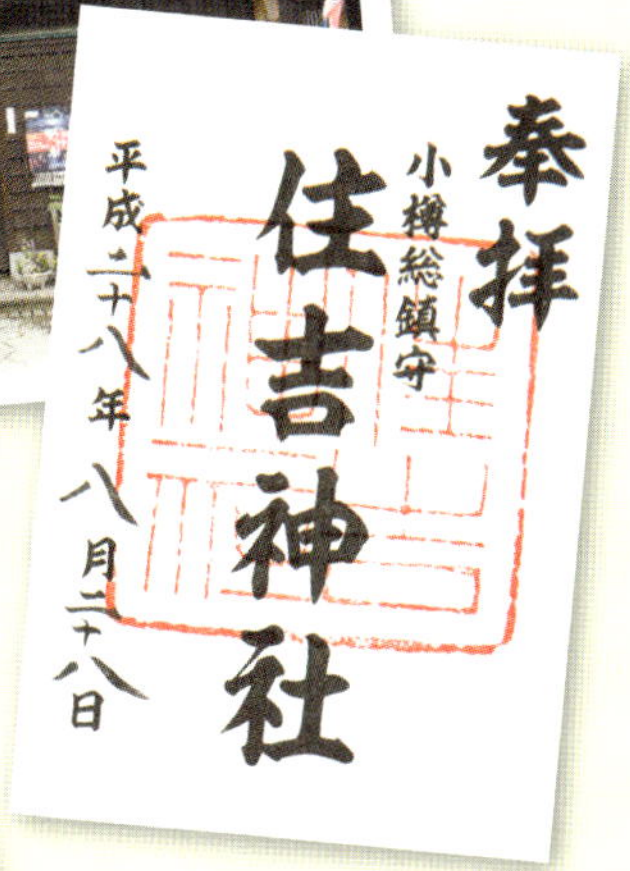
奉拝
小樽総鎮守
住吉神社
平成二十八年八月二十八日

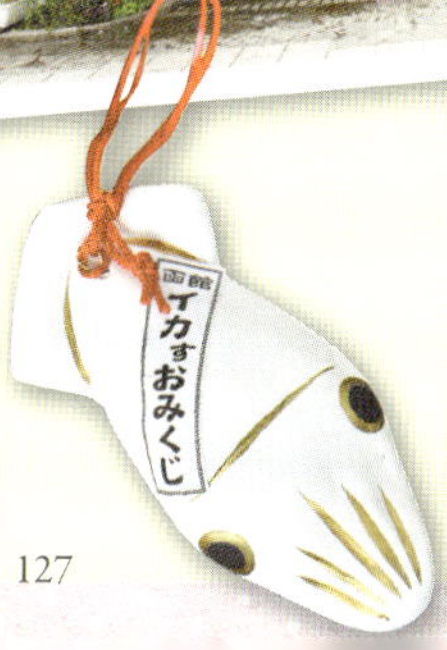
函館
イカすおみくじ

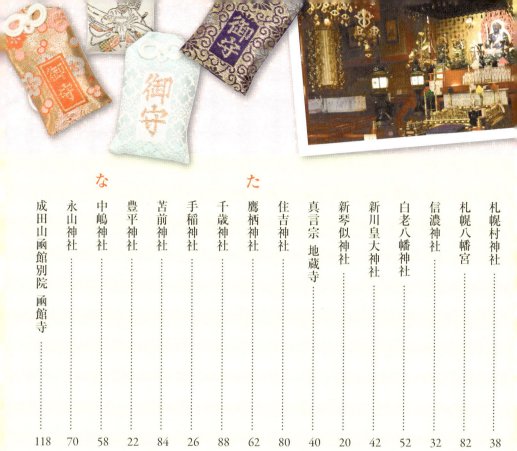

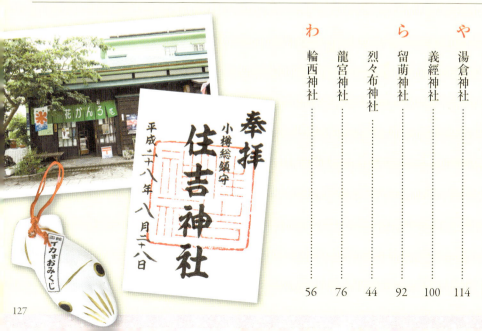

[編集・コピー] 浅井 精一
大桑 康寛（エバーグリーン）
草苅 いづみ（でざいんるーむ）
星野 真知子

[Design・制作] CD,AD:玉川 智子
D:石嶋 春菜
D:里見 遥
D:松井 美樹

[撮影] 高橋 ゆかり（foto COEN）
大桑 康寛（エバーグリーン）

## 北海道 ご朱印めぐり旅 乙女の寺社案内

2016年11月5日 第1版・第1刷発行
2018年8月25日 第1版・第3刷発行

著　者　にほん巡礼倶楽部（にほんじゅんれいくらぶ）
発行者　メイツ出版株式会社
代表者　三渡 治
〒102-0093 東京都千代田区平河町一丁目1-8
TEL：03-5276-3050（編集・営業）
03-5276-3052（注文専用）
FAX：03-5276-3105
印　刷　株式会社厚徳社



メイツ出版ホームページアドレス　http://www.mates-publishing.co.jp/
編集長：折居かおる　企画担当：折居かおる　制作担当：清岡香奈

# 北海道 ご朱印めぐり旅

## 乙女の寺社案内

にほん巡礼倶楽部 著

メイツ出版